做你情侣的好情侣

Zuoniqinglüdehaoqinglü

李顺长 著

四川大学出版社

责任编辑：王　锋
责任校对：蒋姗姗
封面设计：吴　强
责任印制：王　炜

图书在版编目(CIP)数据

做你情侣的好情侣 / 李顺长著. —成都：四川大学出
版社，2006.5（2015.4 重印）
ISBN 978-7-5614-3367-6

Ⅰ. 做… Ⅱ. 李… Ⅲ. 恋爱－通俗读物
Ⅳ. C913.1-49

中国版本图书馆 CIP 数据核字（2006）第 051106 号

四川省版权局著作权合同登记图进字 21-2006-045 号

书名　做你情侣的好情侣

作　者　李顺长　著
出　版　四川大学出版社
地　址　成都市一环路南一段 24 号 (610065)
发　行　四川大学出版社
书　号　ISBN 978-7-5614-3367-6
印　刷　郫县犀浦印刷厂
成品尺寸　210 mm×200 mm
印　张　7.5
字　数　89 千字
版　次　2006 年 5 月第 1 版
印　次　2015 年 4 月第 3 次印刷
印　数　8 001～11 510 册
定　价　29.00 元

◆ 读者邮购本书,请与本社发行科
联系。电 话:85408408/85401670/
85408023　邮政编码:610065
◆ 本社图书如有印装质量问题,请
寄回出版社调换。
◆ 网址:http://www.scup.cn

序

世上有什么事物，能破碎人的心，也能缝合人的心？能使时间加快，也能使时间减慢？是永恒，也是短暂？能跨越广阔的空间，也被最小的空间所限制？

爱情。

爱情能破碎完整的心，你去问问尝过失恋滋味的断肠人。

爱情能医治创伤的心，你去问问正在恋爱的幸运者。

爱情能使时间加速，你去问问正在卿卿我我的热恋者。

爱情能使时间减慢，你去问问正期待与情侣见面的"站岗人"。

爱情是永恒，恋爱中的男女不都说，如山之久，如水之长？

爱情是短暂，退色的玫瑰只留遗恨。

爱情能跨越空间，思念可以到达地球最偏远的角落。

爱情受限于空间，没缘就是左邻右舍也不"来电"。

爱情是如此微妙，当你有机会付出爱和接受爱时，你得小心浇灌它。

本书在时间的纬线上，穿过相当长的时距——从自我准备、寻找对象、恋爱须知、约会艺术，一直伸展到婚后的维系爱情、两性沟通、夫妇亲密、彼此祝福、解决冲突。这样的安排，反映出一个信念，恋爱并不停步于结婚，爱情不是婚前的专利品。从恋爱到婚姻，如何做你情侣的好情侣，都是我们可以不断追求成长的课题。

本书在内容的经线上，融合了经典的教训和一般的智慧，交织出现代人恋爱的美歌。本书语言精简，一方面尝试在有限的篇幅中，携带较多信息；一方面给读者留点思考和发展的空间。

学习付出爱和接受爱，不仅充实着人类的生活经验，也会充实心灵上的经历。

爱是永不止息。

李顺长

二〇〇七年初夏

序

目 录

第01章

陶醉于爱情的醇酒

婚姻的红利

如果有人爱你，并且你有机会结婚，

恭喜你，你不但有机会体验夫妇之间的爱情，

你还享有寿命、财富、精神、健康四方面的红利：

1. 寿命延长

- 依据人寿保险统计，20~30岁已婚男子的死亡率是千分之一点五一，而单身男子的这一数字则上升为两倍（超过千分之三点五）。
- 年纪愈长，差距愈大。30~44岁已婚男子的死亡率是千分之三点一，而单身者则为千分之八点三。
- 以女子而言，单身者的死亡率也几乎是已婚者的两倍。

2. 财富增加

- 已婚男子较努力赚钱，比他们单身的兄弟多赚百分之五点四。
- 已婚夫妇更善于共同投资他们的金钱。

3. 精神愉快

- 经济的充裕，减少了吵架的导火线，人生较轻松愉快。

4. 健康改善

- 有较充裕的钱财，便能得到较佳的医疗照顾。

> 问题是，你必须嫁／娶一位好配偶。

家？嘉？枷？

夫妇两人朝夕相处，唇齿相依，耳鬓厮磨，
很容易彼此互相熏陶，互相感染。
你娶（嫁）一个好配偶，你就得到他正面的熏陶。
你嫁（娶）一个坏配偶，你就受到他负面的感染。
择友、结婚，岂能不慎哉？

西方的哲人多半把婚姻看作是"枷"。
下列二十句名言可以窥见西方婚姻观之一斑。

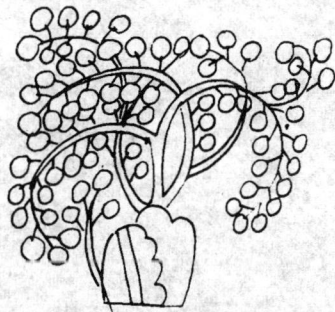

婚姻百景图

- 婚姻，是一场不幸，但却是必要的不幸。（*Menander*，公元前四世纪）

- 婚姻，是大多数男人趋之若鹜的一种灾祸。（*Monostikoi*）

- 婚姻，是一个罗网。（*Cervantes*，十六世纪）

- 婚姻有如一个鸟笼：外面的鸟急于进入，里面的鸟却急于逃出。（*Montaigne*，十六世纪）

- 婚姻是孤注一掷的。（*John Seldon*，十七世纪）

- 婚姻的生活有如一个战场，而非一个玫瑰花床。（*Robert Louis Stevensen*，十九世纪）

- 人人生来都是自由的，但有人却自愿结婚。（*E. C. Mckenzie*）

- 最感人的坚忍楷模，就是一个金婚纪念日。（*Grit*）

- 一个好的婚姻，就是两个神经系统的和平共存。（*Emil Krotky*）

- 许多迷恋酒窝的男人，都犯了与那女人结婚的错误。（*Stephen Leacock*）

- 婚姻，既不是天堂，也不是地狱，它倒是炼狱。（*Abraham Lincoln*）

- 婚姻，乃是以全世界最昂贵的代价，来发现自己的错误。

爱，
将天堂引进人间

如果你拥有成熟的人格，
如果你找到理想的对象，
如果你设定约会的原则，
如果你懂得运用恋爱的艺术，
如果你知道怎么建造亲密的关系，
如果你学会表达爱情的技巧，
如果你掌握良性沟通的窍门，
如果你实践祝福配偶的步骤，
如果你知道解决冲突的方法，
如果你追求人际关系成长的艺术，

你会有机会经验：

**恋爱是人间的天堂，
婚姻是地上的乐园。**

> 一个精心的选择，
> 一个真心的经营，
> 可以建造，
> 人间天堂。

第02章

恋爱前的暖身运动

为幸福婚姻
寻根

不要为你有一个好配偶祷告，
　　要为你的配偶有一个好配偶而祷告。
因为当你的配偶有一个好配偶时，
　　你很自然地也会有一个好配偶。

你是个怎样的人，你就会吸引怎样的男人（女人）。

这两段话，采用了夸张的表达，
来描述婚姻、交友的智慧。
其中隐含某一程度的真理。
本章探讨怎样预备迎接爱情。

成熟的风范

在你祈求上天赐给你一个很好的男（女）朋友之前，
你应当先求上天帮助你，做一个很好的女子、男士。
在你祈求上天赐给你一个很好的丈夫、妻子之前，
你应当先求上天帮助你，做一个很好的妻子、丈夫。

因为

- 一个成熟的女子、男士会吸引同样成熟的异性。
- 一个有好品质的人，拥有较强的吸引力。
- 两个成熟的人作朋友，有较佳的成功机率。
- 若你的人格成熟，你俩的交往会更愉快、幸福。

根据一些行为科学家的经验，成熟的人具有下列特征——

1. 充分的安全感。
2. 能够替别人设身处地地着想。
3. 健康积极的人生态度。
4. 能够控制自己的情绪。
5. 有主见，但又谦卑。
6. 拥有相当的弹性来改变自己，适应环境。
7. 健康的自我形象。
8. 平静的态度来接受成功或失败。
9. 知道自己的长处并能有效利用。
10. 能接受爱并付出爱。
11. 有某种程度的创意来解决困难。
12. 适当程度的表达和中肯的判断能力。

你若拥有以上品质，会有不少人喜欢你。

"态度" 温度计

你是否想知道，你对女性的态度是否健康？
你对女性的看法是否有偏见？
你是否想知道，你对男人的态度是否偏颇？
你对男人的态度是否有成见？

以下载有两项简单测验，

男人，做对女性态度的测验。
女士，做对男人态度的测验。
在你认为是的题目及文字前画"✓"，
在你认为非的题目及文字前画"×"，
并计算你画"✓"的分数。

紧跟着两个测验之后有解说。

大部分的男士以为他们爱女性。大部分的女士自以为她们对男人十分友善。在这似乎是互相吸引的表面湖水之下，却可能激荡着敌视的暗流。检视这种可能的敌意，能帮助你反思你和异性的关系；也有助于你更好地认识自己，改善你和异性的交往。

男士对女性
的敌意测量表

——1. 女人的心眼比较狭窄。

——2. 我觉得女人和男人闲谈时，常伤害到男人的自尊。

——3. 一点轻微的批评，都会使我对该女子厌恶。

——4. 女子比男人更会说谎以保护自己。

——5. 超过25岁仍没有男朋友的女子，一定是有什么问题。

——6. 女士们的意见，比起男士们的，较缺乏见解上的深度。

——7. 我常和女士们意见不合。

——8. 如果有女子对我过分友善，我会提高警觉，以防受骗。

——9. 我觉得女人常会利用裙带关系或媚功，来获得利益。

——10. 美貌的女子通常缺乏见识。

——11. 唯小人与女子难养也。

——12. 女子虽然表现得似乎关心你，其实多半是为了利用你。

——13. 我曾被女子离弃过，我觉得天下女子都是祸水。

——14. 据我观察，必须和女人结婚，是男人极大的不幸。

——15. 很多女子在我背后说我坏话。

——16. 女人的性情很难理解，她们好像"晴，时多云，偶阵雨"。

——17. 如果没有女同事的牵制，我在事业上的成就会更高。

——18. 女子采取主动，设法结交男朋友，一定不会是好货色。

——19. 天下女人都很唠叨。

——20. 我心中仍记恨着从前伤害我的女子。

——21. 我真的很怕和女人打交道。

——22. 女人的办事能力比男人差劲多了。

——23. 你想去女人那里吗？你要带一条鞭子。对女人厉害一点，她们就会听话。

女士对男性
的敌意测量表

——1. 男人都是好色的。看到女人，第一个想到的就是性。

——2. 男人常把女人看成下等公民，自以为是上等公民。

——3. 我看见趾高气昂、自命非凡的男士，就想踢他一脚。

——4. 我觉得男人为了向上爬，常玩权术的游戏。

——5. 与男人打交道，最上乘的安全措施是：不要信任他。

——6. 我一生的困苦忧伤都是男人引起的。

——7. 男人都用情不专，见异思迁。

——8. 对男人疾言厉色，看他怕我的样子，我心里会有快感。

——9. 我对任何向我献殷勤的男人，都怀有戒心。

——10. 男人表现得好像关心你，事实上他想利用你。

——11. 我知道很多男人在我背后说我坏话。

——12. 我觉得很不公平，男人在社会上的地位比女人高太多。

——13. 我觉得那些欺骗女人感情的男人，应该把他们的名单公诸于世。

——14. 我仍然对离弃我的那个男人十分忌恨。

——15. 我和男人处不好。

——16. 男人的谈话内容不是政治，就是球赛，真是无聊。

——17. 男人到了30岁仍然未婚，心理上多半怪怪的。

——18. 英俊的男人都很危险。

——19. 据我观察，必须和男人结婚，是女人最大的不幸。

——20. 看到未婚的男人，一副百万单身汉，待价而沽的样子，我就恶心。

——21. 男人比女人更势利眼。

——22. 男人肌肉比较发达，所以较有暴力倾向。

——23. 几乎每个男人都会说谎，以逃避责任。

——24. 有时我真想给男人一点颜色，教训教训他们。

——25. 结了婚，男人还是会拈花惹草，搞外遇。

解说

男人对女人的敌意

- 你的分数将会介乎0与23之间。
- 如果你的分数在0~4之间，你可能在25%以下。意思是说，75%以上的男人，分数可能比你高。
- 如果你得5~10分，那么你和中间那50%的人一样。
- 0~4分算是低敌意，5~10分算是中等敌意，11~23分算是高敌意。

女人对男人的敌意

- 你的分数将会介乎0~25之间。
- 如果你的分数在0~3之间，你可能在25%以下，意思是说，75%以上的女人，分数可能比你高。
- 如果你得4~11分，那么你和中间那50%的人一样。
- 0~3分算是低敌意，4~11分算是中等敌意，12~25分算是高敌意。

注意事项

- 这项测验并无学术调查的权威数字作根据，只是仿效某些测量供你参考。
- 读者若有兴趣，请参考Kieran Scott 和 Michael Warren所著 *Perspectives on Marriage* (N.Y. : Oxford Univ. Press, 1993) 一书259~265页。
- 请不必为你的分数偏高而作过分的诠释，这项测量并没有完美的指标。
- 如果这些题目能刺激你，使你更了解对异性的态度，并因此有所反思调整，你就从中获益了。
- 这四页的内容，极适合在讨论中分享，这会引发你许多新的认知。

天"医"无缝

如果你觉得对异性的态度有些敌意，
并且，这些不健康的态度有损你和异性的关系，
你渴望能改善自己的态度，
请试着实践下列步骤——

· 怀着感恩的心说，谢谢世界接纳你这有缺点的人，我也愿意接纳有缺点的朋友。
· 决心把往事埋葬在心底，决心和现在周围的异性朋友建立友善的关系。
· 尽量欣赏异性的优点、长处。
· 避免把个别异性的缺点套在所有异性的身上。
· 多表达合作、感激、欣赏、快乐的言语。
· 异性有特别需要的时刻，尽可能提供协助。
· 一方面懂得保护自己，一方面尽量信任异性。
· 培养积极的思想，说建设性的话语，采取有爱心的行动。
· 让爱常常充满心房。

如果你经常在心中彩排这些原则，
如果你常实行这些行动的法则，
　　久而久之，你会变成一个异性眼中可爱的人。
通常你觉得他们可爱，他们也会觉得你可爱。

你适合结婚了吗?
量一量

想交男/女朋友吗?　　　正常的欲望。

想要结婚了吗?　　　　正常的想法。但是,

想要结婚和适合结婚之间,存在着相当的距离。

下列指标能帮助你测量,看你是否成熟到适合结婚——

不适合结婚的指标

· 如果你怀念独来独往,不受约束地自由自在生活。

· 如果你讨厌父母管束,急着搬出去,一心找个人嫁娶,以为可以从此独立,你只会落入更困难的羁绊里。

· 如果你的同年朋友都结了婚,你害怕自己做老处男、老处女,急着找个人作伴成双。

· 如果你的年龄在十九岁以下。青少年若在半青不熟的尴尬年龄就结了婚,很少有幸福的可能。

　　原因:自己的人格尚未定型,人生方向未定,谋生能力不足,配偶配合非常困难。

　　统计数字:青少年的婚姻,多半以离婚了结。

· 如果你刚失恋,急着找一个对象填补内心的空虚,以证明自己仍极富吸引力。

· 如果你谋生的技能不足以养家活口。婚姻不只是镜花水月、浪漫绮丽,婚姻也是面包与牛奶。经济拮据是婚姻愁苦的主因。

· 如果你付出爱和接受爱觉得有相当程度的困难。

· 如果你认为婚姻的主要功能是满足性的需要。

· 如果你心理没有准备好承担婚姻的责任。

· 如果你觉得和异性靠近、亲密,十分不自在。

如果你有三个以上的上列现象,那么目前你还不适合结婚。

战胜
恋爱恐惧症

被拒绝过的人，受过伤的恋人，大多会害怕再踏入恋爱的大门。出身于不幸家庭的人，自身婚姻破碎的人，大多会害怕再次受伤。下面这首短诗，刻画的正是他们的矛盾情结：

害怕爱，害怕被爱；

害怕孤单，害怕亲密；

害怕付出，害怕接受；

害怕责任，害怕权利；

害怕得到，害怕失去；

害怕我追你跑，害怕我跑你追；

害怕结婚，害怕单身；

害怕被拒绝，害怕被接受。

请坚决地相信——

> 1. 爱与被爱是成长的最好机缘。
> 2. 恋爱，无论是成功或失败，都充实了自己的人生。
> 3. 我知道我可以成为别人的依靠。
> 4. 学习付出与接受，使自己的人格成熟老练。

如果你坚决地相信这些信念，你一定能克服恋爱恐惧症，你会有勇气迈出你的脚步。

吸引力探源

你有某种气质，就会有某种人被你吸引。

你有成熟人格，才会有成熟爱情的可能。

追求下列气质吧，那是异性所梦寐以求的：

1. **发展独立思考的能力。**正确判断的智慧，洞察事物的能力。

2. **营造健康的自我形象。**接纳自己，自信又谦卑，一方面进取，另一方面又能被依靠。

3. **锻炼积极的人生态度。**以乐观的心态来迎接人生的祝福与难题，以幽默的心态来面对人生的成败与得失。

4. **磨炼你解决个人问题和人生困难的技巧。**

5. **培养你处理人际关系的能力。**分享、互动、合作、领导、讨论、支援、化解冲突、说明……

6. **培养你的品质。**舍己、热诚、可靠、圣洁、诚实……

7. **阅读有关婚姻方面的书籍。**了解婚姻、性、生理、心理、家庭、小孩、工作、生活……

8. **净化你的人格特色。**追求多欣赏、少批判，多了解、少猜测，多付出、少要求，多关心别人、少自我中心……

9. **练习与异性相处。**付出与接受友情，了解与被了解，爱与被爱。

10. **养成正面的思考模式。**信心而不是怀疑，希望而不是绝望，仁爱而不是仇恨。

你如果拥有上列美好的品质，你会有相当程度的吸引力。

你如果再有下列两页的品质，很少有人可以抗拒你的吸引力。

微笑的
投资回报率

微笑，花不了多少成本，却创造了许多回报。

微笑，给的人不会变穷，收的人却变得富有。

微笑，虽然只笑意一闪，记忆却留成永恒。

微笑，可以激发友情。

微笑，可以拉近距离。

微笑，为寒冬的陋室引进春暖。

微笑，为干涸的心田洒下甘霖。

微笑，带给疲倦者安慰。

微笑，带给沮丧者阳光。

微笑，嘴边将现一抹弯曲，修直世上一片弯曲地。

微笑，眼角绽起几丝折皱，熨平人间几许折皱处。

触摸生命

一个**微笑**，可以融化他沉重的脸。

一句**安慰**，可以鼓舞他丧气的心田。

一项**建议**，可以引领他踏出迷茫谷。

一点**服侍**，可以减轻他人生的担子。

一次**分享**，可以激发他的斗志与潜力。

一句**祝福**，可以温暖他疲倦的心灵。

一点**见证**，可以刺激他再三深思。

一张**卡片**，可以带给他阳光普照。

第03章

爱情先修课

情海十问

新生训练告诉你，大学、图书馆、学问之道、校规、校舍平面
图、财务安排、求生术、人生的机会……

如果大一开始上第一堂课之前，你先上新生训练，你会对大学生
活有个基本了解，你便有较佳机会成功。

你开始谈恋爱之前，如果先上爱情先修课，对感情你、我、他的
基本动作有点了解，你便有较佳机会成功。

情海十问勾画出许多人所关心的恋爱ABC的轮廓来——

1. 一见钟情式的爱情可能吗？直觉在交友的事上可靠吗？
2. 谈恋爱有所谓适当年龄吗？我怎么知道我是否成熟到可以谈恋
   爱了？
3. 女方可否采取主动交男朋友？
4. 交友的过程中，人们都会努力表现自己的优点。
5. 选择对象时，两人个性是相似好，还是互补好？
6. 怎样可以洞察对方的内心，是真心还是假意？
7. 恋爱中的男女，亲热到什么程度是合乎情理的？
8. 交往中是否要把自己从前的故事都告诉对方？
9. 父母反对我们的交往怎么办？
10. 交往已经相当深入，后来发现不合适，应当怎样合适地分手？

一见钟情?

有相当多的人相信直觉，他们的抉择常跟着直觉走。

人类的直觉常**超越语言**，
超越逻辑，
超越分析。

它有它灵敏的第六感，
并有相当程度的准确性，
在交男/女朋友的事上，直觉有它的功用。·

可惜，直觉较偏向于根据外形、穿着、言谈，
来决定好恶。
然而，内涵、思想、个性、道德、人格、灵性，
是不可能在第一眼即被洞察的。

决定婚姻的成功或失败之因素，
内涵和人格的影响，远大于外形和穿着。
依赖第一印象作婚姻的基础，危险性较高。

如果你能在对方心中创造美好的第一印象，
你会有较佳的机会成功。
如果你梦想一见钟情的浪漫际遇，
你会有较大的可能失望。
如果你投入一见钟情的闪电婚姻，
你有极大的可能伤心。

适恋 年龄？

什么时候你可以开始谈恋爱？

有的父母坚持要子女上了大学再说。有人认为十八岁达到法律上独立自主的年龄就行。有的理论说，有了经济能力才会有爱情的幸福。

大学门槛、十八岁、经济能力都可以作参考指标。下文从心灵的成熟度讨论成功约会的路标。当你拥有下列品质时，你有较佳机会成功：

一、当你的心理成熟到可以接受爱和付出爱时

和一个异性谈恋爱是一种心灵上的亲密，两个人的互动来往十分频繁。你必须在某种程度上牺牲自己的独立与主见，进入互相依赖和妥协。从自由踏入受相当约束环境的转移，需要相当的成熟度和心理准备。

二、当你的心思认识到恋爱所带来的益处和危险时

恋爱有两情相许的喜悦，也有失恋受伤的可能。

恋爱有亲热相依的兴奋，也有失控怀孕的可能。

认知这些可能的危险，是保护你的安全之最佳屏障。

三、当你的心智在独立思考和寻求双亲辅导之间取得平衡时

你在谈恋爱等于你的父母的儿（女）在谈恋爱。

你嫁（娶）一位配偶等于你的父母迎进一位女婿（媳妇）。

你们带着双方的背景结婚，征询父母的意见是聪慧的。

四、当你的心灵在他/她之间保持适当的地位时

你爱她，她也爱你。

你设定你们俩亲热的底线。你保障了你们的圣洁。

你们的心灵会在彼此的祝福中成长。

女子可以采取主动吗？

跟你所喜欢的人打个招呼，已经需要极大的勇气了，
更不用说开口约他。

很多女子害怕采取主动，
因为怕 · **被拒绝**。严重伤害了自尊。
　　　　 · **被轻看**。她以为：男人会看不起主动的女性。
事实上，采取适当的行动既不会伤害你的自尊，也不损害你的形
象。这些适当的行动包括：

· 让对方知道自己的存在。
· 不着痕迹地制造彼此认识的机会。
· 很自然地展现自己的优点。

这种把船开到对方视野有效距离之内的微妙技巧，
这种主动地诱发对方自动追求自我的纵擒技术，
这种无伤自己尊严，却又能创造机会的方法，
大约有下列路线可循——

· 去参加他所喜欢的活动。
· 很恰当地搭讪。
· 建议集体（一小群人）郊游、参观博物馆、听音乐会……
· 寻找同工搭配的机会。
· 参与同一团体、小组。
· 有时打打电话，请教他。
· 表达欣赏他的优点、专长。

如果他始终没什么行动，你也必须能释怀。

缺点大公开？

每个人都应该重视一个人的人格纯洁正直，这品质是一个人灵性成熟的最高极致——表里如一，言行一致。

如果你交男（女）朋友，能做到理念与行动是一致的，要求人和要求自己是同一标准，内在思想和外在行为互相吻合，那么你就是个诚恳的人。

如果你没有假伪善，你也大体上做到表里如一，言行一致，你就算是一个诚实的人。

你不需要把你个性上的弱点刻意告诉对方，因为人类性格上的优点与缺点，常常是一枚硬币的两面——

吝啬的人，通常也是节俭的人。

浪费的人，通常也是慷慨的人。

懒惰的人，通常也是平静的人。

野心的人，通常也是雄心的人。

多话的人，通常也是健谈的人。

一个成熟的朋友，会很自然地接受一个有优点和缺点的你。

双方关系
的 品质

1. 我们是否喜欢同样的朋友，是否都喜欢与人相处？
2. 两人是否对双亲和兄弟姐妹都同样有尊敬和爱顾之心呢？
3. 两人对金钱和奉献的态度是否相同呢？
4. 两人的学识是否相当？
5. 两人喜好的休闲活动是否相近呢？
6. 我们彼此都同样喜欢有孩子吗？
7. 我们彼此都真正知道对方有什么期望吗？
8. 双方是否能诚实地符合对方的角色期望？

你在交往过程中是否有下列记号：
1. 两人愈来愈彼此相爱。
2. 灵性、教育、生涯计划、个性都能彼此配合。
3. 相处时愉快。
4. 结交朋友后，有明显的成长。

共鸣呢？
互补呢？

你欣赏细腻的异性，还是粗犷的异性？

你喜欢依赖于你的人，还是独立于你的人？

你中意纯朴的人格，还是精巧的人格？

你看上诚恳踏实的作风，还是善于表达的作风？

你喜欢跟爱你的人结婚，还是跟你爱的人结婚？

你看重两人的共同性，还是差异性？

你动心于他的浪漫气质，还是他的人性历练？

你欣赏感性强的人，还是理性强的人？

很少有人能融合细腻与粗犷，依赖与独立，纯朴与精巧，感性与理性，拥有完美的人格品质。我们甚至很难找到能将两种相对的品质掌握得恰到好处的人。大部分的人都必须在两个相对的品质间做出选择。当你选择的时刻，请考虑：

一、共同性或差异性
- 共同性强比较容易沟通，彼此了解，生活配合，方向一致，价值观合一。
- 差异性强比较容易互补，有新鲜感，有惊喜和趣味，能互相提携、增广视野。

二、爱你的人或你爱的人
- 爱你的人，会照顾你，你会幸福。
- 你爱的人，会激发你，你会成长。

建议：尽量找　信仰上有共同性，事业上有差异性的人。

价值上有共同性，做法上有差异性的人。

目标上有共同性，思路上有差异性的人。

> 女子尽量找爱你的人。
> 男子尽量找你爱的人。

掀开他的底牌

谈恋爱，最怕碰上薄情郎，最怕遇上交际花，
虚情假意一番。他的心理需要、生理需要得到满足了，
拍拍手，潇潇洒洒地走了，
留下你独自一人去品尝苦涩的回忆。

然而，你如果够细心，总可以观察出蛛丝马迹——

1. 他（她）过去如果有多次谈恋爱的历史。
2. 他不让你接触他的父母、亲友。
3. 提倡"性自由"。
4. 迟迟不肯表态。
5. 你觉得你付出较多，但收回较少，情感收支不平衡。
6. 有时他赞美得过分肉麻，有时不觉得他真正欣赏自己。
7. 较少谈论他的过去。
8. 他比较注重外表的美丽、财富、虚荣……
9. 刚交往时他要求的亲热程度，超过友情的程度。
10. 你的直觉告诉你，他没有真心投入。

你如果能做到下面几件事，你就有较佳机会战胜虚情假意——

- 保持真知睿见的洞察力。
- 建造健康的自我形象。你不需要靠有没有男女朋友来支撑你的自尊。
- 设定结交男女朋友的亲热程度标准，避免陷入太深。

男女朋友可以亲热到什么程度，请见第五章。

坦白呢？
保留呢？

你应该坦诚到一个地步，把你的过去一五一十地告诉你的男（女）朋友吗？

这问题不是一个简单的是或不是所能回答的。
回答这个问题，必须作下列考量：

- 我的坦白对将来彼此的关系有帮助吗？
- 我的坦白对他（她）的人格成长有建设性吗？
- 我的坦白对我的心灵有医治力吗？
- 他（她）是否成熟到可以接受这项冲击？

斐东尼（Anthony Florio）所著的《准备结婚》（*Two to Get Ready*）一书里，建议：

如果你有药物上瘾、精神病、入狱、结婚、
　　　　生过小孩、性病、负债，
你应该坦诚告诉对方。

他认为，一个成熟的情侣会了解并饶恕。
　　　　你也可以从内疚、害怕被发现的恐惧中被释放出来。

本书作者认为，如果你只有偶然失足的性行为，没有怀过孕，
　　　　你可以告诉对方，你曾交过男朋友。
　　　　但不要描述亲密的细节。

> 这些难题并无一定答案可循。
> 请你凭借你的智慧，做最恰当的抉择。

父母举红旗？

你父母对你交朋友有意见吗？

通常
- 父母的祝福是儿女婚姻幸福的一项重大因素。
- 父母对他（她）的接纳是他（她）快乐的基础。
- 你与父母的关系因他而破损，你不会快乐。
- 父母的反对一定有他们的原因。

很少父母为了反对而反对。他们若有意见，多半有他们的考虑。他们几十年的人生历练，对人性的了解，对婚姻的观察，对你的认识，堆积成丰富的智慧。这些经验，正是你人生导航的指南针。懂得从父母的经验去吸收人生的智慧者是聪明人。

你可以与父母从这几个方面来增加沟通——
- 设法了解父母的考虑。
- 提供给父母更多信息来了解对方。
- 平常多孝顺父母，增进他们对你的信任。
- 若父母愿意，创造一些父母和对方认识的机会。

如果你做了这些努力，父母仍不改初衷，而你经过多方思考后，仍觉得你的情人是你的最佳抉择，那么，
1. 询问父母，你们应怎样改善才能令他们接受。
2. 努力去达成父母的企盼。
3. 准备"长期抗战"。
4. 尽量争取父母的谅解与祝福。

你和情人长期表现你们的诚意，父母最后多半会同意。
携带着父母的祝福进殿堂，是你们婚姻幸福的最佳保证。

缘尽情了时?

我们都了解被甩的感受：孤单、创伤、苦涩、愤怒、失眠……
当我们决定主动与对方分手时，
怎样才可以减轻对方的痛苦？
以下这几项"不要"、"要"会有些帮助——

一、不要

1. 不要在节期假日之前宣布：生日、元旦、情人节……别煞风景，也别雪上加霜。
2. 不要在电话中为之，那样过分缺乏人情味。
3. 不要怪罪对方。这样做只会在对方心中留下永久伤痕。
4. 不要使用无情的词句，像"我们的交往是个错误"，"我从来没真正爱过你"。

二、要

5. 要承认过去所拥有的交往，感谢他的友情；否则，对方会怀疑自己自作多情，或产生误会。
6. 要把责任担在自己身上。像"我还没有准备好投入在更亲密的关系中"，"我还不够成熟到可以承担责任"等。
7. 要把分手说成对双方有益。像"我们分手对我们都有好处"。
8. 要尊重对方的感受。像"我了解你的感觉"。

爱情先修课

第04章

众里寻他（她）千百度

理想对象

不要跟一个你处不来的人结婚，也
不要跟一个你处得来的人结婚，
要跟一个没有他，你活不下去的人结婚。

替他（她）画个像

每个人都有做梦的权利。

上天也乐意祝福我们美梦成真。

你会为你心中的"情人"画像吗？

一般人选择交友时，会考虑下列因素——

背 景	个人特征	人 格
出身家庭	教育	道德观念
国籍	学识涵养	思想方式
人种	身体健康	生活态度
语言	事业基础	进取心
成长环境	表达能力	幽默感
	聪慧度	成熟度
其他——	人际关系	个性
罗曼蒂克	年龄	爱心
对异性的态度	仪表身材	气质
家庭遗传	才艺	
	服饰	
	习惯	

请把你理想中的白马王子、白雪公主的十二笔形象画下来：

1._____   4._____   7._____   10._____

2._____   5._____   8._____   11._____

3._____   6._____   9._____   12._____

相人术

	正面品质	负面品质
人生态度	积极进取	消极颓丧
脾气	回答柔和，使怒消退	言语暴戾，触动怒气
智慧	智慧妇人，建立家室	愚妄妇人，亲手拆毁
谈吐	合宜之话如金苹银网	说话浮躁如刀刺人
人际关系	遮掩人过，寻求人爱	屡次挑错，离间密友
容颜	面带笑容	眼中无光，力量衰微
习惯	殷勤人必得丰裕	懒惰人必致穷乏
心理状态	喜乐的心，乃是良药	忧伤的灵，使骨枯干
朋友	相亲相爱，同甘共苦	滥交朋友，自取败坏
服饰	简洁的装饰	过度浓妆艳抹
对待父母	孝敬父母，得福长寿	轻慢父母，必受诅咒

男士心中的
白雪公主

男性有他理想的白雪公主形象。且听男士的心声——

· 我讨厌追求虚荣、注重物质的女性。
· 我喜欢富有生活情趣的女子。
· 我欣赏精力充沛、好运动，而仍保持婉约的女子。
· 我喜爱接纳她自己，也接纳我的女子。

下面这些品质是许多男人难以抗拒的——

外形	人格	智力
漂亮	友善	功课好
可爱	天性善良	有雄心
性感	乐意倾听	谈吐恰当
长发	幽默感	领悟力高
中等体重	体贴	好的教育
淡妆	帮助别人	有内涵
服饰整洁	有主见	知识
身材良好	自信	擅长会话
	心胸宽大	
	笑脸迎人	
	亲切	

有下列品质的女子是被男人列为拒绝往来的——

抽烟、两面夏娃、抢夺别人男友、小题大作、虚假、情结
化、过分善妒、吸毒、酗酒、自视过高、占有欲。

知己知彼

下列这二十个相对品质，都是好的品质。

先评估自己的个性倾向，再替你心中的理想对象打个草稿吧！

	我的个性倾向		理想对象的个性倾向
	强 弱 中 弱 强		**强 弱 中 弱 强**
冷静	……… 热诚	冷静	……… 热诚
领导	……… 跟随	领导	……… 跟随
保留	……… 开放	保留	……… 开放
谨慎	……… 冒险	谨慎	……… 冒险
外向	……… 内向	外向	……… 内向
信任	……… 存疑	信任	……… 存疑
谦卑	……… 自信	谦卑	……… 自信
缓和	……… 冲动	缓和	……… 行动
节俭	……… 慷慨	节俭	……… 慷慨
实际	……… 乐观	实际	……… 乐观
独处	……… 社交	独处	……… 社交
严肃	……… 幽默	严肃	……… 幽默
认真	……… 放松	认真	……… 放松
批判	……… 随和	批判	……… 随和
多听	……… 多讲	多听	……… 多讲
依赖	……… 自主	依赖	……… 自主
爆发力	……… 耐久力	爆发力	……… 耐久力
实践家	……… 梦想家	实践家	……… 梦想家
小心	……… 勇敢	小心	……… 勇敢
理性	……… 感性	理性	……… 感性

千万别
自投罗网

1. 不要嫁娶一个药物上瘾，吸食麻醉剂的人。

2. 不要嫁娶用暴力或言语虐待你的人。

3. 不要嫁娶一个急着逃离父母家庭的人。

4. 不要嫁娶一个十九岁以下的人。

5. 不要嫁娶一个婚前拈花惹草，又主张性自由的人。

6. 不要嫁娶一个婚姻观与你截然不同的人。

7. 不要嫁娶一个动不动就发怒、打架的人。

8. 不要嫁娶一个心理脐带仍连接于父母的人。

9. 不要嫁娶一个不准你有任何社交活动的占有狂。

10. 不要嫁娶一个你怀疑是同性恋的人。

11. 不要嫁娶一个记恨不消的人。

12. 不要嫁娶一个非发号施令不过瘾的人。

13. 不要嫁娶患有严重情绪问题的人。

14. 不要嫁娶各方面与你天南地北的人。

15. 不要嫁娶一个忽略你，只注意业绩的工作狂。

16. 不要嫁娶一个吹毛求疵的完美主义者。

17. 不要嫁娶一个过分善妒的人。

18. 不要嫁娶一个你看了就讨厌的人。

19. 不要因同情一个婚姻不幸的人而嫁娶他。

伸出你的触角

认识朋友的最好方法是
伸展你的触角，开拓你的接触面。
下列活动都能增加你认识朋友的机会：

一、学校环境
- 同学会
- 郊游
- 社团活动
- 校际比赛
- 运动场
- 图书馆
- 训练班：网球、围棋、电脑、舞蹈
- 读书会

二、其他环境
- 朋友介绍
- 父母安排
- 征友服务
- 电脑网络
- 艺术展览
- 音乐欣赏
- 工作环境
- 公司活动

从**普通**朋友到
异性密友

从普通朋友发展到异性密友，这过程中两者的关系，产生了相当程度的变化。如果你感觉到有下列现象，注意，你已经在喜欢他（她）了——

1. 独处时常常会想到他。
2. 短程、中程计划会将他包含在里面。
3. 嫉妒的感觉：如果他和别的朋友热络、熟悉，你会有不快感。
4. 有时会有浪漫的、性的幻想。
5. 喜欢安排两人独处的时间，将其他朋友排除在外。
6. 会话多谈两个人之间的事物。
7. 对他的依赖性增加，个人的独立性减少。
8. 愿意为他作某种程度的牺牲、调整。
9. 有美化对方的倾向，较难客观地看清对方的缺点。
10. 对他的身影、谈话、工作……有种魂牵梦系的关切。
11. 不在一起时，会想打电话谈谈。
12. 会在乎他对自己的反应。

鲁益师（C. S. Lewis）在他所著的《四种爱》（*The Four Loves*）里，说明朋友和密友的三种差别：

· 密友常会谈及两者之间的爱情。

　朋友很少谈及大家之间的友情。

· 密友常是面对面，陶醉在两人的独处里。

　朋友常是肩并肩，陶醉在共同的兴趣里。

· 密友之间的情爱，只限于两人之间。

　朋友之间的友情，阔及于团体之间。

第05章

与你的青春对话

烈焰青春

正在亲密交往的男女朋友，
常须面对一个合理而尴尬的问题：

怎样适当地表达情爱？
肢体语言合乎原则吗？
我们可以亲热到什么程度？

具体地说，他们是在问：
我们可以牵手吗？
可以拥抱吗？
可以亲嘴吗？
可以爱抚吗？
刚开始交往呢？
订婚之后呢？
结婚之前呢？

> 婚前的性行为，
> 婚外的性行为，
> 宗教和世俗的律法都是禁止的。
> 但都没有讨论男女朋友可以亲密到什么程度。
> 亲密爱抚是 20 世纪的现代问题，我们必须再从一般知识来探索合理的界限。

约会
友情
爱抚

在乔丝·荷桂特（Joyce Huggett）所著的《性·爱·友谊》（*Just Good Friends*）这本书里，她把男女的亲密分成十个等级：

1. 牵手
2. 轻拥
3. 搂抱
4. 亲嘴
5. 热吻
6. 爱抚
7. 热烈爱抚
8. 裸裎爱抚
9. 互慰
10. 性行为

恋爱中的男女，
可以亲密到
哪一个尺度呢？
我们试着从
三个原则
来探索：

一、我们的行为反映爱吗？

我们对我们的情侣展现无私的爱，
不做伤害对方自尊的事。
有些男子坚持热烈亲热，只为满足自己的
情欲。带给女友的却是挫折、困惑、伤害。

二、我们的行为对我的心智有益吗？

交往期间只注意身体情欲的快感，
会发展出一种相处的模式，
将焦点放在身体接触，
而忽略人格与心智的成长。

三、我们的行为对伴侣的心灵有建设吗？

男子在身体亲密上的强烈要求，
会在女友的心理上雕下负面的刻痕。
使她们感觉自己只是玩偶，
进而产生自卑、矛盾的心理情结。

再从一般常识来看：

适当的亲密是情爱的自然表达。
过分的亲热是情欲的脱轨放纵。
这十个尺度，哪里是合理的界线呢？

亲热的尺度

从男女的生理反应来看，
情欲的发展有它的连续性：

热吻常会演变成爱抚，
爱抚常会进展成裸裎接触，
一旦爱抚对方敏感部位，
血液循环加速，心跳加快。
身体的分泌及化学反应，
一旦推入不归点，
很少有人能把持自己，
悬崖勒马。

有智慧的人，
知道人类有这种弱点，
总是设法避免失控的可能。
设法避免试探的引诱。

有些专家认为
下列尺度是恰当的，
可以接受的：

没有人能替你决定你的尺度，
你必须自己做决定。你的尺度决定，
对你有相当程度的保护作用。

一、交往时期
　牵手
　轻拥
二、稳定相爱
　牵手
　轻拥
　搂抱
　亲嘴
三、订婚之后
　热吻
　隔着衣服在限度
　范围内的爱抚
四、结婚之后
　热烈爱抚
　互慰
　性行为

内心彩排

在男女交友的亲密关系中，防止婚前性行为的好办法是，
做好心理准备，内心彩排好亲密的底线。
为正确的反应做些心理的预演。

请仔细阅读下页的八则心理准备原理。

护身八法

防范婚前性行为，防止婚前失贞，防备婚外情最有效的办法是：事先从事心理建设，设定生活行为的底线。你会有较佳机会得胜试探，你有较佳机会抵抗友情压力。

下面本书试着从三个角度，来设定保护你幸福的护身屏障。

一、心理建设：对自己的尊敬

1. 保守自己的纯洁，是对我为人子女的身分的最高敬意。
2. 我愿意照前面所提的亲热标准制定我的底线。结婚以前最多只做到隔着衣服爱抚。这是我向自己所定的盟约。
3. 我不需要靠牺牲性爱来讨人喜欢。
4. 禁戒婚前、婚外滥交，是保持身体健康，防范性病、爱滋病的最有效方法。

二、灵性煅练：对别人的尊敬

5. 我决心把我的初夜献给我的配偶。
6. 我不敢欺骗别人的感情，虚情假意地骗取性爱，满足自己。
7. 保持我与异性密友的贞洁，是对他（她）的高度尊敬。
8. 婚前的贞洁，大大增加我和未来配偶幸福的可能性。

试婚?

现代的年轻人文化流行着下列神话——

- 结婚，就要找个能浪漫地共度一生的情侣，才会幸福。
- 先同居试婚，考验双方是否相配，别傻傻地一脚踏入婚姻的罗网。
- 合得来就生活在一起，合不来就潇洒地挥别。

这样的婚姻观和道德准则南辕北辙——

- 这种想法过分侧重于浪漫的、情欲的爱情。忽略了友情的、委身的爱情在婚姻中的重要性。
- 这种想法过分要求对方是否能配合我，而不注意追求我的成熟来配合对方。
- 这种想法看成功的婚姻是机缘的配合，而不是努力的结果。

正确的想法是——

- 婚姻是一项盟约，而不是机缘。
- 委身之爱比浪漫之爱更能持久。
- 幸福的婚姻是努力的结果，而不只是天然的组配。

我们反对试婚，因为——

1. 婚姻的行为只应当在婚姻的盟约下进行。
2. 同居的人，婚后幸福的可能性降低。
3. 同居而结婚的人，离婚的比率比一般人高。

下列研究结果支持以上的论点

千万
别以身试婚

1992年，约翰·霍金斯大学和威斯康辛州大学（**John Hopkins and University of Wisconsin**）研究报告指出：

同居，减低了婚姻幸福的可能性。
同居愈久，他们的婚姻愈可能失败。

研究结果如下：

- 40%同居者最后拆伙，并未结婚。
- 同居而结婚者，比正常夫妇更可能离婚。
- 75%同居而结婚者最终离婚，只有
  15%同居者能维持长久的婚姻关系。美国社会大约有
  1/2的婚姻成功机会。同居者却只有
  1/7的婚姻成功率。

堕胎的
心理伤痕

如果你能坚持婚前的贞洁，你可以避免未婚怀孕，防止堕胎的悲剧，以及其严重的副作用。

明州大学的史毕卡博士（Dr. Anne C. Speckard）追踪了堕胎五年到十年的女子，调查她们堕胎的心理压力所显露的长期症兆。她的报告极为发人深省：

· 81%的人　常会想到被堕掉的婴孩。
· 73%的人　会闪过堕胎的情景、经历。
· 69%的人　感觉堕胎后有"疯"感。
· 54%的人　曾做与堕胎有关的恶梦。
· 35%的人　报告说"看见"被堕的婴孩来访。
· 23%的人　说发生与堕胎有关的幻觉。
· 96%的人　说她们回顾堕胎，是一种杀害生命的行为。

丧失婚前贞洁的行为，极可能由下列因素诱发。你若能设立自己的心理防线，防范下列因素，你有极大可能得胜：

1. 低估了两情相悦、爱抚时，"冲动"的难以控制性。
2. 期盼用性爱来系住对方的爱情。
3. 受到当代流行思想的感染："我有权利主张自己的身体"，"只要我喜欢我就做"。
4. 心理上尚未建立起男女朋友身体亲密的底线。
5. 结交不良朋友，在狂欢宴会中被下毒（麻醉剂）。
6. 害怕作老处女，以为没人爱过是一种羞耻。
7. 活在嘲笑贞洁的同辈压力环境下。
8. 看多了三级片，对性爱作过分幻想。

第06章

约会的艺术

约会**迷思**
知多少

迷思1: 外形不够漂亮的女生,外形不够俊美的男生,结交异性朋友的机会会降低许多。

迷思2: 一见钟情是可能的,有缘的话,第一眼就看得出来。

迷思3: 只要祷告等待,上天一定会安排理想对象出现在眼前。

迷思4: 女性的心理像天气预报的"晴,时多云,偶阵雨",她们嘴里说"不",其实心里说"是"。

迷思5: 如果命运特意安排一个差劲的配偶,要我学习一生忍耐的功课,我也乐意顺服。

迷思6: 到了二十几岁还名花无主或名主无花,一定不是好货色,肯定有什么问题。

迷思7: 从来没有男生(女生)喜欢我,一定是我缺乏吸引力。

以**真理**为衣
穿在身上

真理1： 虽然外形在第一印象中占相当的分量，但成熟的男士、女士多半重视内涵胜过外形。

真理2： 一见钟情虽然是可能的，但过分依赖第一印象来选择配偶，常会蹈入闪电结婚、吵闹离婚的悲剧。

真理3： 虽然你可以祷告等待，但当事人却不可以推卸自己的责任。

真理4： 人类无论男女都有表里不一的可能。切忌以偏盖全，断然下结论。偏见会导致关系的紧张或破裂。

真理5： 我们可以通过各种方式做忍耐的功课，但不要用"委曲求嫁"来学习忍耐。

真理6： 二十几岁的男人、女士，人格灵性接近成熟，正是谈恋爱的较佳年龄阶段。

真理7： 一个人以为自己缺乏吸引力，这种想法如果日久生根，会成为自我应验的预言。宁可说，上天造我是独一无二的，我有我的长处。这样想，你会比较快乐，也比较可能流露出具有吸引力的气质。

恋爱风格

谈恋爱，你的风格是酷，还是热？
谈恋爱，你的态度是保守，还是进取？
论对象，你的标准是严格，还是中庸？
用感情，你的尺度是直觉，还是理性？

下面左右两栏都是正确的态度。请选其一来了解自己的风格。

☐ 我宁缺勿滥，宁可不结婚，绝不嫁（娶）错人。	☐ 我把择偶条件定得不高不低，增加交友的机率。
☐ 心灵美丽比外形美丽更重要。	☐ 身、心、灵的美丽同等重要。
☐ 我梦想一见钟情，令我心跳的对象。	☐ 我喜欢逐渐深交，倒吃甘蔗，渐入佳境。
☐ 感情的事，我信任直觉。	☐ 理性判断是择偶利器。
☐ 谈恋爱，我会保留自己，免得受伤。	☐ 谈恋爱，我会热情投入，毫无保留。
☐ 我谈恋爱，父母意见可供参考。	☐ 父母的意见对我的感情生活影响颇大。
☐ 谈恋爱，女性表现出矜持，会更具魅力。	☐ 谈恋爱，女性不要忸怩作态，才较具亲和力。

· 猜猜看，外向活泼者会较倾向哪边？
· 猜猜看，东方人、西方人在恋爱态度上有何不同？

右脑恋爱，还是左脑恋爱？

谈恋爱？你是哪一种风格？她是哪一种类型？

知己知彼，你将有较佳机会成功。

从时间的取向、大脑的主控、表达的模式，量一量吧。

一、时间的取向

怀旧者：向后看过去的美丽时光。

照片、老歌、从前的朋友、奋斗的岁月、

儿女小的时候、玩过的地方。

念今者：向现在看今天的可贵机会。

即兴、创意、趣味、感官的、新鲜的、

享受的、随遇而安的、表达的。

展望者：向前看未来的可能远景。

梦想、计划、冒险、将来的成功、

惊喜、应许、动听的言词、想像的世界。

二、大脑的主控

右脑发达者：感性、创意、直觉、气氛、精神、

新鲜。

左脑发达者：逻辑、组织、细节、方法、实物、

忠诚。

三、表达的模式

含蓄：暗示、间接的、迂回的、比喻的、

侧重感觉。

开放：明讲、直接的、简洁的、描述的、

侧重理性。

诉求点

谈恋爱最大的学问是：

为我的情人准备怎样的茶点，

才能对他的味觉作最大的诉求？

为我情人擎举怎样的旗帜，

才能对他的爱引发最大的互动？

> **你必须找到诉求点。**
> **你必须寻着共鸣箱。**

下页内容，把人类谈恋爱的形式大体分成四派——

传统派　　冒险派　　含蓄派　　仪式派

每一派的人格特征、优点、表达方式、喜好，以下都将列表条举。

> **活用此项内容，你有较佳机会找到　诉求点、**
> **共鸣箱。**

恋爱的
四派旗帜

	人格特征	优点	表达方式	喜好
传统派	想像力 洞察力 亲切 协调 支持 善于沟通	看见别人的潜力 鼓舞人 激发人灵感 趣味 温馨 同情	鲜花 烛光 音乐 诗词 卡片	珍惜爱的人 动作 浪漫电影 小说 喜爱共餐
冒险派	即兴的 乐观的 冒险的 诙谐的 迷人的 大方的	喜欢变化刺激 活在此刻 有行动 新鲜 独立	刺激 惊险 多花样 词汇丰富	讲究气氛 奢侈礼物 惊喜
含蓄派	好奇 逻辑 能干 智慧 理智 知识	喜欢可预测性 具抽象概念 独立思考 合逻辑 节俭	不公开亲热 欲语还休 服务	喜欢简单事物 享受卡片 两人独处 称赞欣赏
仪式派	责任感 实际 守时 组织 关心 忠诚	墨守成规 喜欢处理细节 强烈正义感 注重原则 善用时间、金钱	用行动示范 用仪式化的言词	庆祝生日 结婚纪念 耐久的礼物 艺术品

约会泡汤术
——男

1. 散步时大步向前，一马当先，表现男人的气慨。
2. 在餐桌上挖鼻孔。
3. 尽量展现自己，口沫横飞地发表自己的天文、地理、文学知识。
4. 晚餐大吃姜葱烤鱼、蒜泥白肉、豉椒龙虾，准备待会献上让对方毕生难忘的初吻。
5. 约会时猛抽香烟，学广告上的潇洒模样。
6. 大谈鬼怪电影如何恐怖，身历其境的车祸惨状，谋杀案的细节，小时吃老鼠肉的鲜味，用这些来证明自己经历非凡、勇气过人。
7. 第一次约会，坦白自己的缺点，以示真诚。
8. 不帮她开车门，不送她回家，不送她生日礼物。
9. 在她喜爱的电影中睡着。
10. 使用下流字眼、"三字经"、愤世嫉俗的语句。
11. 衣服邋遢、头发不理、不刮胡子、内衣不换、牙齿不刷。
12. 只谈男人感兴趣的足球、摔角、电脑、汽车。
13. 约会中不断斜视邻座的漂亮女子。
14. 历数前任情人的好处，以及精彩的罗曼史画面。
15. 垂头驼背，说话缺乏自信，神情沮丧落寞，以示谦卑。

约会泡汤术
——女

1. 在约会进餐时，尽量大声喷喷，一幅大快朵颐的模样。

2. 在街上散步时吐痰。

3. 对方第一次上门，邀自己的三亲四戚、五姑六婆、七兄八弟，给他评分。

4. 谈话时仔细调查对方情感生活的历史，巨细不遗。

5. 约会时经常故意迟到，以示女性的矜持与高贵。

6. 多用"常常"两字来凸显对方的缺点："你常常口不择言，受不了！"管叫对方知道我的敏锐度。

7. 应门时头戴发卷，面涂海泥，再让他等个四十分钟。

8. 表现出见识确比对方高出一等："唉呀，你没有听过某人某事？"

9. 浓妆艳抹，给他一个"惊喜"。

10. 第一次约会即请他帮我做事情。

11. 不断讲说过去的辉煌恋爱史，把细节加以小说化的描写，他会知道我是有很多人喜欢的。

12. 谈话时叫对方费心猜测我的心意，以培养对方的体贴与细腻。比如说："不准你碰我！"心里想的却是："主动一点呀，呆头鹅！"

13. 他要送我礼物，尽选高级昂贵的东西，以示自己的品味。

14. 初次约会时便追查对方父母有没有钱、房产等。

15. 以口臭和不刷牙来熏陶对方，表现出自然之一面。

约会成功 的**秘诀**

一、基础准备

1. **仪表上**：勤做运动，保持身材，注意营养，睡眠充足。

2. **心灵上**：增广见闻，阅读书报，培养判断力，加深对人性的了解。

3. **社交上**：参加活动，培养人际关系技巧，开拓人际圈。

4. **人格上**：练习为别人着想，保持积极乐观，使自己开朗真诚。

二、开始约会

5. **吸引**：以自然的方式表现自己的优点，吸引对方的注意。

6. **接触**：制造机会来往，设法有团体的互动，创造共处机缘。

7. **欣赏**：表达欣赏对方长处，借机请教对方专长，关心对方。

8. **邀请**："你替我做了这事，我应当请你吃饭。"

　　　　"你这方面学习有专长，我可以找个时间讨教吗?"

三、约会进行

9. **气氛**：第一次约会尽量找清雅、高尚、浪漫的环境。

10. **话题**：谈对方感兴趣的内容。

11. **礼貌**：男士应展现服务、体贴、关怀、教养、品味、风度。

12. **倾听**：全神贯注聆听对方说话，表达了解与兴趣。

13. **纪念**：赠送小礼物、花卉、书籍。

四、友情加深

14. **电话**：适当地打电话沟通、关怀。

15. **互动**：接受对方帮助，也主动帮助对方。

16. **了解**：尝试了解他的背景、价值观、个性、嗜好、思维模式。

17. **付出**：提供服务，为他做点事，精神上支持。

情海**红绿灯**

山雨欲来，风满楼。
感情红灯，何为记？

1. **情感账户**：如果你觉得付出很多，回收甚少。
2. **相处时光**：如果吵架、激怒、失望、伤害多于喜悦、快乐。
3. **直觉声音**：如果你觉得都是你在让步、妥协。
4. **亲友意见**：如果双亲、好友都坚决反对你们的交往。
5. **气质特征**：如果他批判性太强，处人技巧僵硬。
6. **亲密行动**：如果对方只对亲嘴、爱抚、性爱有兴趣。
7. **顾忌心理**：如果你想分手，但害怕对方自杀或报复，而不敢断交。
8. **财务责任**：如果对方老向你借钱，又不肯找个正当工作。
9. **人格表现**：如果他善妒、猜疑、生闷气、负面思想、冲动……
10. **共同兴趣**：如果没有什么共同的生活情趣，每次相处单调平淡。
11. **思想观点**：如果在重大的价值观、生活态度上有显著歧异。
12. **生活模式**：如果过去一个月内，他会吸毒、酗酒、嫖娼。
13. **亲情关系**：如果他和父母处不好，或是恋父、恋母情结。
14. **暴虐行为**：如果对方曾经对你有暴力、言语或心理虐待。
15. **心胸肚量**：如果对方不能接受建设性的批评。
16. **过去历史**：如果他不让你知道他的过去、背景，仿佛隐藏一些
    什么，不够坦诚。
17. **性爱理论**：如果对方提倡性爱自由的理论，或是只要我喜欢
    就可以做的论调。
18. **棘手话题**：如果你常压抑自己，不敢提出重要而敏感的话题。
19. **情绪感觉**：如果你常觉内心缺乏平安。

> **如果你有上述五个以上的症兆，
> 注意，恋情正在向你打信号：红灯。**

骑墙者的心理

如果你跟男（女）朋友已经交往了一段相当长的时间，

你期待他讲那最动听的三个字，他却守口如瓶。

你指望他求婚，他却没有动静。

你希望她更多投入，她却保持距离。

你期待她委身相许，她却不肯表态。

你会有一种萦心困惑:这到底是怎么一回事？最可能的情况是：

1. 他还没有在心里准备好承担婚姻的责任。
2. 他自认为还没有经济能力养家。
3. 他持观望态度，看看有没有更好的人出现，不愿意太早委身投入。
4. 他以为你俩只是普通朋友，
   你却以为你俩是男女朋友。
5. 从前他感情挫折的创伤尚未愈合。
6. 他可能是感情骗子，这一场戏只为了满足他的心理、生理需要。

他的外在条件，比如父母的意见，尚未能协调好。

无论是哪一种情况，你最适当的反应是：

1. 小心前行。
2. 保留自己，别付出太多感情，避免将来的严重创伤。
3. 设法增加对他的了解。

失恋的七段心路历程

被甩的滋味是苦涩的。

但你总不能永远驻留在痛苦的回忆里。你还得生活，你还得工作，你还得求学，你还得抬头挺胸去面对人生的挑战和机会。

在你复原的过程中，你大致上会走过下列七个不同的阶段历程。了解这些历程，并帮助自己早日迈向幸福的美境。

一、否认的阶段

· 不信这段感情真的结束。

· 还在等待他的电话、来信。

· 常想念他的身影、话语。

· 企盼奇迹，企盼他回心转意。

二、自责的阶段

· 怪罪自己这个、那个。

· 回忆从前的错误。

· 我愿悔改，希望能挽回对方……

· 感觉自己是差劲的。

三、心碎的阶段

· 感觉伤心、孤单、失落。

· 情感上经历重大的挫折感。

· 感觉人生失去意义。

· 胸间隐隐作痛。

四、生气的阶段

· 气对方的无情。

· 被拒绝的苦痛。

五、沮丧的阶段

· 吃不下、睡不着。

· 无精打采。

· 自觉是傻瓜，自尊受损。

· 想像自己不会再有人爱。

六、接受的阶段

· 真正接受分手的事实。

· 不再期待他来信、来电。

· 内心开始平静。

· 可以用平常心来看待过去的事件。

七、医治的阶段

· 真正忘怀过去。

· 正常地工作、生活。

· 恢复轻松、幽默。

· 可以接受下一个约会的邀请。

> 这些历程的时间长短，因人而异。
>
> 如果你遵行下列"医治自己"的步骤，你就能在较短的时间内复原。

只有**你能**
医治自己

失恋，有人从此一蹶不振，也有人仍然抬头挺胸。

失恋，有人从此心理变态，也有人更加成熟老练。

失恋，有人从此怨天尤人，也有人引发人格蜕变。

失恋，有人从此怀恨沮丧，也有人展翅飞腾晴空。

就看你用什么态度，来面对这人生暂时的挫折。

敬请实行下列治伤良方，它能帮助你重建人生。

一、心理上：建造积极的思想

· 不要说，都是我差劲，男（女）朋友才会甩我。

　　要说，看来我们并不互相匹配。

· 不要说，我浪费了金钱、时间，结果一无所成。

　　要说，这过程帮助我更好地认识了自己，也更好地认识了异性。

二、行动上：活出正面的反应

· 安静。反思你从该过程学到的功课，喜悦于自己的成长。

· 将注意力投入正面的有意义的事物，使之占满你的心灵。

· 寻找知心同伴，倾诉、支持、了解、关怀。

· 参与正常的社交活动，恢复你的社交生活。

第07章

挑旺情爱的火焰

情人，看我

当你对你的情人、配偶说
欣赏的话、鼓励的话、安慰的话、感激的话，
当你对你的情人、配偶，用行动来表达
情爱、体贴、关怀、奉献、献身，
你就是在对方的情感银行存款。
当账户有丰富的结余，两人的感情就稳固。
当账户有巨额的赤字，两人的感情就可能破裂。

> 敬请多在对方情感银行账户存款，经常存款，
> 充实你情侣、配偶的情感账户。

情感银行 账户

每个人的心灵里都有情感银行户头。

韦哈雷 (Willard Harler) 称它为爱情银行。
罗坎伯 (Ross Campbell) 称它为情感仓库。
柯维 (Stephen Covey) 称它为情感银行户头。

就像银行账户一样，它会有存款与取款。如果你经常在情人的户头中存款，那么账户的款项愈多，你们的关系就愈稳固。即使偶尔因自私或不够体贴而支款，你也不至于因此透支。

如果账户款项很低，每次的冲突将会扩大其严重性。信任和欣赏的准备金一旦陷入负债状态，而我们又不断透支的话，感情或婚姻就会被推入破产的边缘。

成功婚姻的秘诀是，在你情人的情感银行户头存款，直到它满溢。经常存款，不断存款，存进信任、爱心、情爱、亲密、尊重、体贴，使它的资产远超负债，你就会享受丰富的爱心，醉人的亲密，满意的信任。

这个情感银行账户的观念，巴默理 (Patrick Morler) 称它是男女关系中最重要的概念。懂得在对方情感银行经常存款，避免支款，是成功关系的最佳利器。

一、丈夫如何在妻子的情感银行存款

1. 早上给她一个热情的拥抱。
2. 替她煮杯茶、咖啡。
3. 主动理床。
4. 晚上清倒垃圾。
5. 送小孩上学。
6. 善待她的父母。
7. 折叠家人衣服。
8. 赠送生日礼物。
9. 供应家庭需要。
10. 说关爱欣赏的话。

二、妻子如何在丈夫的情感银行存款

1.欢迎他下班回家。   2.关心他的工作事业。

3.精心准备晚餐。   4.满足他的生理需要。

5.给他一份结婚纪念日的惊喜。   6.欣赏他的才华、个性。

7.在气氛好时才讨论问题。   8.让他看他心爱的球赛。

9.把自己打扮得整洁漂亮。   10.照顾他的父母。

三、丈夫如何在妻子的情感银行支款

1.忽略了倾听妻子的心声。   2.在工作里耗尽了精神。

3.没把妻子放在生命中的首要地位。   4.批评她的外貌、习惯。

5.自私、不体贴。   6.小事情发大脾气。

7.拒绝帮忙做家务事。   8.花钱满足自己的嗜好。

9.不开导妻子的忧烦。   10.拒绝沟通。

四、妻子如何在丈夫的情感银行支款

1.拒绝浪漫爱情的需求。   2.诅咒他的兴趣嗜好。

3.外貌不整，精神委靡。   4.经常唠叨。

5.抱怨他的收入低。   6.拿他和成功人物相比。

7.想改变他的每一种习惯。   8.批评他的身形、才智。

9.不满他的事业成就。   10.骂他没出息。

  人生错综复杂，我们都有可能偶尔失控，伤害了情人、配偶。避免情感银行账户透支的最有效办法是，平常多多存款，多说感激欣赏的话，多做体贴关怀的行动。

希腊的智慧

希腊文共有三个词表达爱:

一、Eros　　情欲之爱

二、Phileo　　友情之爱

三、Agape　　委身之爱

> 一个完整的恋爱，应当包涵这三方面的爱，
> ——Passion，Intimacy，Commitment——
> 恋爱才会丰富、持久。

下文说明"爱"在这三种角度上的表达特征。

爱情三珍

爱情种类 项目	Eros 情欲之爱	Phileo 友情之爱	Agape 委身之爱
角度重点	身体的	心理的	灵魂的
兴趣中心	我的需要 得到满足	我们的需要 得到满足	你的需要 得到满足
吸引力	外形、美貌、 性感	气质、内涵、 思想	心灵、人格
诉求点	感官的诉求	感觉的诉求	感受的诉求
你我关系	占有的	互利的	付出的
表现特征	浪漫的气氛	沟通的投缘	行动的奉献
处境要求	有条件的	有弹性的	无条件的

三珍好味

一、情欲之爱（Eros）

- 牵手，爱抚。
- 深情拥吻。
- 晚餐时的音乐、烛光。
- 庆生会。
- 我的梦中有你……
- 情书、情诗。
- 赞美她的新装。
- 长发为君留。

二、友情之爱（Phileo）

- 高高兴兴陪她上街购物。
- 吃爆米花，一起看电视。
- 他出差时感到想念、寂寞。
- 分享读书心得、人生趣事。
- 支持他的事业计划。
- 一起动手整理房间。
- 你洗碗，我擦干。
- 共同梦想未来的远景。

三、委身之爱（Agape）

- 她烫焦了西装，我仍保持温柔的语气。
- 他生病时，长期侍候，仍无怨言。
- 半夜两点，她把我摇醒，我肯听她倾诉。
- 我肯牺牲球赛的最后五分钟，帮忙照顾小孩上床。
- 对他的缺点半闭着眼。
- 陪他吃麦当劳，虽然我是中国胃。

三珍全爱

美好的爱情通常必须包含这三方面：情欲之爱、友情之爱、委身之爱 (Passion，Intimacy，Commitment)。

> 初识阶段，情欲的喜欢是最主要的推动力。
> 深交阶段，友情的亲密是自然的发展。
> 婚嫁阶段，委身的奉献是必须的基石。

结婚之后，双方仍须努力栽培浇灌这三种爱情，使夫妻之爱丰富化、彩色化、坚固化、深度化。

有情欲之爱，而无委身之爱，婚姻失之肤浅。当年龄改变了体形，
　　老化了脸上的皮肤，情欲之爱淡化，婚姻也会日薄西山。
有委身之爱，而无情欲之爱，婚姻失之平淡。即使有意志和行动
　　来关爱配偶，这种爱情也缺乏新鲜、浪漫，没有快乐的滋味。
有情欲之爱，而无亲密与委身，失之逢场作戏。
有委身与情爱，而无亲密，丧失成长的机会。

追求在体形、穿着、女（男）性的特征上有吸引力，
追求在沟通、了解、内涵、思想的深度上成长，
追求在人生目标、牺牲自己成全配偶上有表现，
你的爱情、婚姻将会十分坚固。

有情爱、亲密、委身之爱的婚姻，可以安渡婚姻之礁——
　　外在压力：工作的困难、钱财的问题、婆媳的关系、孩子的
　　　　　　　　挑战、意见的差异……
　　内在压力：不安全感、惧怕、缺乏自尊、脾气、个性差异、
　　　　　　　　心理情结……

美妙的爱情是：情爱、亲密、委身都不断成长的爱情。

腐化 罗曼史
的病毒

- ☐ 职责缠身，冷落伴侣
- ☐ 不守时
- ☐ 幼稚
- ☐ 没有远虑
- ☐ 浪漫创意为"零"
- ☐ 缺乏敏感度
- ☐ 不愿委身
- ☐ 缺乏了解之心
- ☐ 不受尊重
- ☐ 没有耐心
- ☐ 未能设身处地设想
- ☐ 沟通不良
- ☐ 思想缺乏弹性
- ☐ 鸳鸯错配
- ☐ 一毛不拔
- ☐ 态度僵硬

- ☐ 久怒不消
- ☐ 情绪紧张
- ☐ 过分拘谨
- ☐ 低声下气
- ☐ 枯燥乏味
- ☐ 千篇一律
- ☐ 粗心大意
- ☐ 时间仓促
- ☐ 懒惰
- ☐ 过分现实
- ☐ 妒忌
- ☐ 漠不关心
- ☐ 粗犷不羁
- ☐ 怨怼
- ☐ 自尊心低落

欣赏的心

秃鹰盘旋空中，寻找它的三餐。当它找到动物的腐尸，它就敛翼疾下，饱食一顿。

蜜蜂疾飞，探寻花蜜，在树林、草地、花卉间忙出忙入，吸食花蕊间的甜蜜。

秃鹰想的是腐肉，它就找到了腐肉。
蜜蜂想的是花蜜，它就找到了花蜜。
如果我们想的是我们情人的差错，我们就找到他的差错。
如果我们想的是我们情人的优点，我们就找到他的长处。

你想作乌鸦还是红雀？秃鹰还是蜜蜂？
乌鸦站在路边枯树上，批评诅咒它所看见的一切。
红雀跳跃在绿色灌木间，以歌声来振奋人心。
上天为乌鸦披上黑色的丧服。
上天为红雀穿上喜乐的红衣。
你如果想批评，你总是可以找到抱怨的内容。
你如果想歌唱，你总是可以找到美妙的歌曲。

常互相埋怨的婚姻，至终埋进荒场。
常互相欣赏的婚姻，至终欣欣向荣。
企求积极的眼、喜乐的歌、欣赏的心！
你会发现在乌云之上有阳光普照。
你会发现你的情人一天比一天可爱。

挑旺情爱的火焰

第08章

雌蝶与雄狮的沟通

火星与金星

论到两性之间的关系、沟通、友情、差异、互动，《男女大不同》（*Men are from Mars*，*Women are from Venus*）的作者葛瑞（**John Gray**）说：

> 男人与女人的思想、感觉、反应、好恶、需要，
> 是如此的不同，
> 他们的欣赏、沟通是全然活在两个不同的星球里。
> 缺乏了解会导致两性关系上的重大挫折感。
> 当男人、女人试着用自己所认为最有效的方法，企
> 图协助对方时，他们常会遭遇莫名其妙的反弹。

1. **女人**遭遇难题时，她们的需要是谈谈她们的感觉。
   男人遭遇难题时，他们的需要是独处、安静。

2. **男人**如果漠视女人的感觉，在沟通中注重提供建议，而不是专心倾听，女人会觉得不被爱护。
   女人如果忽略男人的意见，在互动中只顾空谈，而不遵从他的智慧采取行动，男人会觉得不被尊重。

3. **女人**如果向男人建议，男人会觉得这女人看低了我解决问题的能力，因此伤害了两者的关系。
   男人如果不与女人分享他的困难，只顾自个儿埋头解决难题，女人会觉得她们被冷落。

4. **女人**认为理想丈夫是个情人、伴侣。
   男人认为理想丈夫是个英雄、赚钱养家者。

5. **女人**认为有价值的事物是爱情、美丽、关系和沟通。

   男人认为有价值的事物是权柄、能力、效率和成就。

6. **女人**，传统上，看重家庭中的成员关系。

   男人，传统上，看重事业上的工作成功。

7. **女人**，即使心中有了问题的答案，也会向男人征询意见，她的目的其实是为了建立亲密关系。

   男人，错解女人的风情，以为她的能力低下，当他认真地伸出援手，而女人提出自己的意见时，男人觉得被作弄。

女人是水做的。
男人是土做的。
女人，若是轻盈的雌蝶；
男人，就是粗壮的雄狮。
一个活在感觉里。
一个活在理性中。

要能相爱相亲，
要能互补互惠，
还得靠双方的耐心、努力、了解、宽容、接纳。

两性捉迷藏

男人如果是雄狮，女人就是雌蝶。一个运行在火星的轨道上，另一个运行在金星的系统里。

- **女人**觉得男人很奇怪，他怎么可能和自己不爱的女子发生性关系。因为她只向自己所倾心喜爱的男子委身相许。

  男人觉得女人不可思议，她怎么会滔滔不绝地谈论她对事物的感受，一句解决问题的方法也没有提。
- **女人**觉得男人很自私，守在电视机前看球赛，孩子吵翻了天也不管。

  男人觉得女人是奇怪的活物，一手拿菜刀斩鸡，嘴里还可以管束吵闹的孩子，咒骂先生看电视。
- **女人**觉得男人缺乏体贴，做爱只是为了满足自己的性欲，忘记了女人所需要的柔情蜜意和爱抚。
- **男人**觉得女人买东西，又翻又拣，精挑细选，啰里啰嗦，货比三家，浪费很多时间。

  女人觉得男人真是健忘，交待他买的杂货，不是忘这个就是缺那个。
- **男人**觉得女人的心思很难思量，嘴里说的是一样，心里想的又是一样。

  女人觉得男人真是呆头鹅，一点也不懂得暗示和捉迷藏的趣味。

有科学证据显示，
雄狮和雌蝶之间的分歧，
不只是后天学习的结果，
而且是先天生理的差异。

雌雄天赋异同

一、两半脑之间的神经纤维连线

女人的连线较粗壮，左右脑的沟通比较发达，可以同时处理五官和情绪的信息。

男人的连线较细弱，大多只能专心做一件事，比如无法同时处理斩鸡和叫骂孩子。

二、大脑处理情绪的部分

宾州大学脑部行为研究室主任葛流伯（Ruber Gur）说：男人控制行动反应的脑比较发达，在遭遇刺激时，常诉诸打斗。

女人控制象征反应的脑比较发达，在遇到刺激时，经常以言语、手势和脸部表情来表达。

三、大脑处理抽象判断的部分

葛教授使用脑部扫描机，研究了37名男人和24位女士，**发现**：

男人脑部的林必区（Limbie）较活跃，在目视一个物体后，想象其旋转后的形状之能力得分较高。

女人脑部的信固雷区（Cingulate Gyrus）较活跃，将形状、颜色、大小加以分类的能力较强。

四、大脑处理语言记忆的部分

女士们记住十五项杂货买单的能力比男人强。

男女**沟通**上的差异

性别　　　　差异	男士	女士
内容取向	知性	感性
目标	为了功能 为了解决问题	为了澄清 为了说明问题
切入点	传递信息、事实、数据	表达感觉、情绪、感情
范畴	物质世界	人际关系
特征	理智、逻辑	感情、直觉
弱点	蛮横、专权、命令	啰嗦、重复、唠叨

水乳交融

女士们，如果你知道你的情人是只雄狮，
　　　　　　他有他沟通的风格。
男士们，如果你了解你的情人是只雌蝶，
　　　　　　她有她沟通的口味。
你们之间的相互理解会更加美妙。

　　　如果女士们能多少学点男士们的沟通方式，
　　　如果男士们能多少学些女士们的沟通技巧，

那么，你俩的沟通将是
　　　水乳交融。

全天候沟通

不管是有声或无声，不论是表情或语气，姿势或眼神，敞开或关闭，一天二十四小时，一星期七天，你都在不停地沟通。

· 你的眼神，是有兴趣或是枯燥乏味。
· 你嘴角微笑的曲度，是诚恳还是应付。
· 你的眉毛上挑所象征的惊奇。
· 亲手制作卡片。
· 轻抚肩膀。
· 你的呼吸。
· 你说话的内容。
· 你说话的语气。
· 肢体语言。
· 小动作。
· 手势。
· 你的衣服穿着所表达的心理状态。
· 你对他父母的态度。
· 你如何庆祝他的生日。
· 打电话的频繁程度。
· 敞开的层次。
· 财务上的安排。
· 全神贯注倾听或敷衍了事。
· 你的行动。
· 你抱小孩子的样子。
· 你付出多少心力解决他的问题。
· 拒绝说话。
· 吵架或商量，对抗或合作。

你都在不停地"说话"。

倾听的耳朵

倾听是你所能提供给你情侣的极大尊重。

倾听缩短了讲者与听者的距离。

倾听表达了最大的关切。

在情侣的互动沟通中，多实践倾听吧：

倾听，

- 给对方有机会表达他的看法、感觉。
- 对方的自尊得到认可。
- 培育了两者之间温暖的关系。
- 增进了对方也愿意倾听我的意见之意愿。
- 给对方搜寻出问题的机会。
- 对方有机会宣泄自己的情绪。
- "被了解"在他的内心能产生相当大的医治功能。
- 让他学习负责任地去找到答案。

沟通的隔绝，
断裂的婚姻

有的婚姻情深似海，有的形同陌路。

有的婚姻夫唱妇随，有的同床异梦。

有的婚姻两情缱绻，有的落寞冷淡。

那些水火不容的婚姻，从看不惯到冷战，到隔绝，

大约经过如下十个历程的发展：

1. **意见**：A看不惯B的思想、生活、行为方式。
2. **吵架**：A去纠正B时，B设法防卫自己，AB吵了一架。
3. **情绪**：B看A过分吹毛求疵，心生芥蒂，开始消极对抗A的所做所想。
4. **仇恨**：A察觉B的态度恶劣，觉得好心没有好报，
   又因自己的需要得不到满足，内心闷积出仇恨。
5. **偏见**：A对B的缺点开始敏感，成天所见都是B的短处。
6. **灰心**：A有时忍不住找B沟通。B一触即发，更加生气，摆明了
   我就是这样的人，看你怎么样。
7. **冷战**：AB经过这样恶性循环几次后，开始退缩，避免接触。
8. **隔绝**：冷漠成为习惯以后，造成隔绝。
9. **绝望**：经年累月的僵局，AB都认为不可能改善，不再努力。
10. **离异**：以劳燕分飞结束一场噩梦。

这场悲剧的过程，如果妥善地处理，
每一步都是可以扭转的。
下文说明击破恶性循环，创造善性循环的方法。

鹣鲽情深的法则

夫妇关系善性循环的作用力，建立在成熟的
人格、思想、爱心、沟通、合作和表达上。
下文试着从七个实际可行的路线，
来说明加深感情的法则。

1. 平常多欣赏对方长处

你觉得所嫁（娶）的人优秀，心情会愉快，对方也会较有自尊。

2. 时常在对方的情感银行账户存款

他觉得被爱，你俩之间就会有高度的彼此信任。

账户存款高，偶有冲突（支款），感情仍不致破产。

3. 练习将对方缺点看成是优点的能力

相信缺点就是优点的原理。

这种能力会令对方完全相信你宅心仁厚，已完全地接纳他。

4. 满足对方的需要

学习替对方着想。

满足配偶身体、心理、性、自尊和成就等方面的需要。

5. 完全接纳对方

提醒自己在婚约中的誓言，爱就是完全的接纳。

追求被爱所充满，无条件地去爱配偶。

6. 倾听你情侣的心声

倾听使你俩的心灵契合。

用行动来证明你照他意愿改变自己的诚意。因为改变对方
最短的路是改变自己。

7. 锻炼建设性沟通的技巧

把差异看成互补，把冲突看成是成长的机会。

寻找双赢的方案。

说话总是带着建设性。

第09章

你侬我侬话亲密

你中有我，
我中有你

一个妻子的最大愿望是，
享有他丈夫生命的核心地位，
正如她把生命的核心给了丈夫。

亲密是——我认识最深处的你，并且完全接纳你。

亲密是——把高品质的时间奉献给我所誓言爱护的配偶。

亲密是——飞越个性的差异、过去的创伤和尴尬的往事，投入在
互爱的情怀里。

亲密是——倾听他（她）的兴奋或忧愁，
快乐或惧怕，成就或挫折……

亲密是——在身体上、心理上、性灵上完全合一。

亲密是——你里面有我，我里面有你。

亲密是——无条件地爱，无条件地接纳。

亲密是——分享快乐，分担忧愁。

亲密是——当全世界的人都误会我时，你仍了解我。

亲密是——天地间只有你我。

亲密是——我为维护你的幸福尽最大的努力。

为这个缘故，
人要离开父母，与妻子结合，
二人成为一体。
这是极大的奥秘。

亲密颂

和另一个人建立亲密的关系，
常牵涉某一程度的冒险：

我们承认我们需要别人，

我们将真我暴露。

那使我们显得脆弱。

我们要亲密，不要冒险，

我们要亲近，不要暴露，

就等于，我们要成果，不要播种。

事实上，希冀亲密，**是刚强的记号，而不是软弱的表现。**

是成熟的记号，而不是幼稚的表现。

当真爱伴随着亲密时，

我们被提升到人生经验的最高原。

在那里，

我们献出真诚的自我，

亲尝自然恩赐的滋味，

界限消失了，

展开喜乐的翅膀，

比翼翱翔于晴空，

二人合而为一，同时，却又是两个个体。

这是伟大的奥秘，

人生经验的高原。

亲密的八种含义

知性的亲密性：分享心得、主意、时事、看法和书籍。

情感的亲密性：心灵的契合，分担重担，分享快乐、梦想、希望和雄心。

社交的亲密性：接纳对方的父母、亲友、同事和同学。

生涯的亲密性：事业的支持，方向的选择，才干的肯定，工作的同心。

娱乐的亲密性：参与彼此的活动，创造共同兴趣，一起冒险、旅游……

美学的亲密性：欣赏大自然、艺术和音乐的美丽。

沟通的亲密性：锻练沟通的技巧，在互动中引发人格的提升，经验蜕变的喜悦。

委身的亲密性：一起成长，建设性地解决冲突，彼此忠实，一起面对人生难题。

婚姻
1、2、3

婚姻是一加一等于一。

婚姻是爱河永浴，永结同心——

　　一起数算夜空中的繁星，

　　一起享受微风在肌肤间的轻拂。

　　共尝人生的喜悦，

　　分担生命的苦难。

　　就像琴瑟合鸣，和谐美妙。

　　就像圣殿支柱，共撑大厦。

婚姻是一加一等于二。

婚姻是祝福配偶，尊重差异——

　　合一中仍保留个体的呼吸空间，

　　相爱中仍尊敬对方的独立自由。

　　合作，而不干预，

　　分享，而不占有。

　　就像琴瑟合鸣，美妙和谐，但仍维持个体的音阶。

　　就像圣殿支柱，共撑大厦，但仍保持柱间的距离。

婚姻是一加一等于三。

婚姻是——

　　丈夫爱妻子，

　　妻子爱丈夫，

　　你，我，他，

　　他，你，我。

　　就像琴瑟合鸣，美妙和谐。

　　就像圣殿支柱，共撑大厦。

情话绵绵
无尽期

表达情爱是一种艺术。

它要恰到好处。它要既真实又具创意。它要既有诚意又具幽默。它要讲者有意，听者受用。

你要浪漫吗？下面情话也许能激发你的灵感——

初识阶段

· 你那美丽会说话的眼睛，连天使都会嫉妒。

· （揉揉眼睛，说）我是不是进了天堂？哪来这么漂亮的天使。

· 你的微笑像春晨绽开的玫瑰一样美丽。

· 你的出现为我的生命带来了晨光。

恋爱时期

· 如果每次想到你，天空会掉一颗星的话，夜空早已虚无一物了。

· 如果你是玫瑰一朵，我愿作绿叶一片，常伴君侧。

· 远远看见你的倩影，我就会心跳。

· 昨晚，我把你的相片看了千回，拥抱着它进入梦乡。

订婚前后

· 你的脚是否酸了？昨晚你在我的心房踱步千百回。

· 昨夜我的梦境格外甘甜，我梦到我们交换誓言说："我愿意。"

· 每次想到我们的未来，幸福的感觉就浓浓地为我罩上外衣。

· 投降，投降，你一笑，我就迷醉在你的酒窝里。

结婚以后

· 我一生所做最聪明的决定就是娶你。

· 你是上天所能给我最好的礼物。

· 假如我现在未婚，我要娶的还是你。

· 结婚以前，我以为我是个完整的人；结婚以后，我发现我只拥有一半生命，感谢上天把我们组合成完整的生命。

女士们的情话，请自己尝试发明。

枝与树

丈夫与妻子的亲密性，

最传神的比喻是：
像树与枝的生命共通性——

我是葡萄树，
你们是枝子。
常在我里面的，
我也常在他里面。
这人就多结果子；
因为离了我，
你们就不能做什么。

两性的差异

这是实情，还是偏见？请你运用你的人生智慧，替它评分。

许多女士们认为：

- 男人即使迷路了，打死他，他也不肯问路。
- 男人的厨艺极糟。
- 男人喜欢独享电视的摇控器。
- 男人在家里找不到袜子、剪刀……

许多观察家认为：

- 男人爱看暴力电视，　　　　女人爱看爱情喜剧。
- 男人喜欢独立，　　　　　　女人喜欢姐妹群生活。
- 男人的反应较逻辑化，　　　女人的反应较情绪化。
- 男人的沟通是为了寻找答案，女人的沟通是为了表达感受。

如果以上现象大部分属实，那么合理的解释是什么呢？

请你试试下面这个解释：

男人的行为受左脑主控，女人的行为受右脑主控——

左脑主控	右脑主控
重视权柄、控制	重视关系、沟通
推动力：事情的对错	推动力：人际的和谐
需要：接纳和认可	需要：欣赏和注意
满足：达成目标	满足：建立关系
不喜欢别人发号施令	接受别人的建议
兴趣：新闻和运动	兴趣：爱情小说
和事物关联较佳	和人关联较佳
喜欢推理证明	喜欢美学布置
爱搞高科技玩意儿	爱搞同辈姐妹会

彩蝶与雄狮

如果你发现你的妻子是彩蝶，你的丈夫是雄狮，

如果你发现你的妻子是右脑主控，你的丈夫是左脑主控，

那么，喜欢吧，差异不是一种诅咒，而是一种祝福。

庆祝吧，差异不是为了磨擦，而是为了互补。

欣赏吧，差异不是对立的基础，而是成长的机会。

一、差异是感恩的机会

· 为着你与配偶能产生"合超效应"而感恩。

· 为着你们能互相弥补而感恩。

· 为着你们能经历到差异所带来的丰富而感恩。

二、差异是成长的机会

· 妻子有机会学习男人的独立和自信；
丈夫有机会学习女人的体贴与敏锐。

· 丈夫所表现的男性品质，激发了妻子的成长；
妻子所表现的女性品质，刺激了丈夫的学习。

三、差异是互补的机会

· 相互间的取长补短。

· 相互间的合一体验。

· 相互间的依赖共存。

恋爱信条

1. 除了你的配偶，人不可以有任何更亲密的人。你心中的首要人物，不是朋友，不是儿女，也不是父母，更不是上司。
2. 不可让其他任何事物，事业、财富、名利、成功和公司，霸占他（她）在你心中的地位。
3. 不可放纵肉体的快乐于酗酒、吸毒、抽烟、药物、嫖娼。
4. 不可让你的事业或嗜好霸占你应当分享给儿女的时间。父母所能给儿女的最好礼物是时间与同在。
5. 应将你的财物与你的配偶分享，同享丰富。
6. 应记得学说我爱你。除了行动上的爱，你的配偶喜欢听这宝贵的三个字。那会提升他（她）的自尊和安全感。
7. 应尽力欣赏你配偶的长处，包容他的短处。这样你的家庭会和睦，你会长寿。
8. 应保持家里的整洁，身体的健康，因为这里是你身体和灵魂的居所。
9. 不可记恨。饶恕你的配偶，正如他饶恕你一样。不计较他的过失，他也会不计较你的过失。

老王的轿车

你听过老王买车的故事吗？

老王是个标准的上班族，朝九晚五，不贫不富，爱妻子疼小孩，和左邻聊得好天，与右舍下得好棋，跟妻子谈话不愠不怒，与孩子谈话又有耐心又有智慧。

可惜，这一切良辰美景打从老王38岁那年买了轿车的那一天开始，时光不再了。

老王存了好几年的钱，省吃俭用，晚上有时还去打工，梦想的就是有一辆轿车。如今，耀眼的亮光漆，绒布的坐椅，仪表板明亮的玻璃，车底的地毯，每一天他都敬礼注目千百回。

孩子一爬进车，老王就搬出一大堆规则：不准在车内喝可乐，怕倒翻。不准在车内吃口香糖，怕粘地毯。不准碰仪表板，怕油脂。不准跷脚，怕弄脏绒布。不准大声讲话，怕经过平交道时，听不见火车的警铃。不准……

家里的气氛逐渐改变了。老王花好多时间擦拭车子，不理孩子。

邻里间的气氛慢慢僵化了。老王怕隔邻的旧车刮到他发亮的油漆。

人际关系渐渐淡化了。老王不想载人回家，谁知道那些人鞋底下的脏东西有多少会落到车内地毯上。

老王拥有了一部轿车，那部轿车也拥有了老王。

五年后老王才觉悟到，全家出去郊游，车内喝点饮料，吃点爆玉米花，唱几首歌，那才真有天堂情调。邻居开车门，撞了点小痕没什么大不了。带朋友回家正是分享的好机会。

在你不知道的时候，一样东西、一件事，会静悄悄地爬进你心中的宝座，酸化原本和谐的夫妇情感，淡化原本浓烈的爱情。

在你不知不觉的时刻，渐渐地，不着痕迹地……

请常常调整你人生的焦距。费心浇灌爱的园圃，不让爱情退色，使情侣的玫瑰心园花香常漫！

创造善性回馈

滋润人的必得滋润。

饶恕人的必蒙饶恕。

你们给人，就必给你们。

怜恤人的必蒙怜恤。

你们用什么量器量人，就必用什么量器量你们。

你们不要论断人，就不被论断。

你侬我侬话亲密

第10章

祝福的交响曲

祝福的
七种曲调

1. 祝福是一种肯定

2. 祝福是一种欣赏

3. 祝福是一种预言

4. 祝福是一种鼓励

5. 祝福是一种远见

6. 祝福是一种期许

7. 祝福是一种祷告

祝福
成真的**原理**

一个父亲祝福儿女说，你的音乐天赋是第一流的，
并尽力出钱聘请最好的钢琴老师，提供最佳环境，儿女
真的会变成一流音乐家。
一个丈夫祝福妻子说，你的厨艺是超水准的，
并支持她创新手艺，
妻子真的会变成美食大师。

这种祝福成真的原理，其运作程式大致如下：

1. 你相信每个人天生其才，必有他的长处。
2. 寻找、确定他的优点所在。
3. 用言语表达来祝福他。
4. 这祝福会深印对方心灵，提升他的自信心。
5. 新的自我意识塑造了他新的自我形象。
6. 新的自我形象会在意识、潜意识中调整他的思想、
   感情和意志，去实现这美丽的远景。
7. 透过你所提供的资源和他的努力，至终美梦成真。

祝福你的情人吧！你的祝福会成真。
祝福你的配偶吧！你的祝福会兑现。

伤情恨

特伦德（John Trent）和史摩利（Gary Smalley）在联合著作的《祝福》（*The Blessing*）这本书里指出，失落父母祝福的儿女，缺乏配偶祝福的丈夫或妻子，常导致落寞的、残缺的人生。

缺乏丈夫祝福的妻子，人格会扭曲，情绪会沮丧，
心灵受伤害，精神受损伤。
缺乏妻子祝福的丈夫，心灵也会受到同样的伤害。

> 美满的婚姻是丈夫和妻子互相成为祝福。

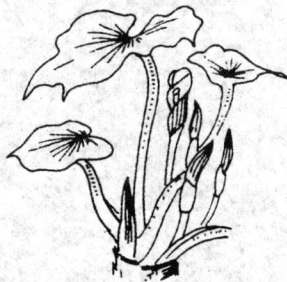

祝福你情人的
十个方法

1. 肢体语言：拥抱

互爱的情人常触摸、轻拍、
牵手、搂肩、并排坐……

2. 关怀语言：倾听

当我们倾听而不是批判，
当我们了解而不是建议，
我们的情人觉得被尊重。

3. 分享时间：用情

天地间只有你和我，
心灵间只有我和你。

4. 言语鼓励：扶持

欣赏的话，肯定的话，
感激的话，祝福的话。

5. 互相接纳：真爱

无条件地接纳对方，
不提对方根深蒂固的弱点。

6. 委身投入：奉献

决心使婚姻成功，
尽力解决差异，
为对方好处设想。

7. 安排财务：计划

成功的夫妇量入为出，现
在就为将来的需要准备，
为对方的财务安全设想。

8. 一起欢笑：幽默

笑看人生百态。
一笑消解百愁。

9. 珍惜对方：价值

只有你最重要。
幸福的家庭就是最大的成功。

10. 朋友情谊：合一

你是我最知心的朋友，
我是你最贴心的朋友，
你我心灵契合。

以**忠贞**来
祝福你的配偶

最合理的婚姻制度是一夫一妻，而不是一夫多妻。
最美好的婚姻模式是彼此忠诚，而不是搞婚外情。
你若实践一夫一妻，彼此忠诚的婚姻蓝图，
你就拥有下列福气——

一、保护配偶的贞洁

· 任何一方的不贞都会在对方心中造成伤害，人格扭曲。

· 扭曲的心灵常会导致报复性的在外偷腥行动。

二、避免疾病的传染

· 与你搞婚外情的人，通常和别人的性关系也较随便。

· 很多性病会透过这途径传播。

· 爱滋病也可能经由此通道传染。

三、建造和睦的家庭

多妻的家庭，妻子间常勾心斗角。

多妻的家庭，后代间常倾轧排挤。

结论：齐人之福不好享，齐人之祸不易躲。

祝福你的丈夫

☐ 我不嫉妒他的朋友或他的工作。

☐ 我不抱怨他的作息时间表。

☐ 我不显示对他缺乏信任。

☐ 我不在公开场合令他尴尬。

☐ 我不以苦毒或恶意的声音回答他。

☐ 我不在别人面前贬低他。

☐ 我不向他大吼大叫。

☐ 我不坚持己见。

☐ 我不和他争辩。

☐ 我不让自己的朋友或活动干扰与他单独相处的时间。

☐ 我保持家里整齐而清洁。

☐ 我尽力让他觉得家里温暖又舒适。

☐ 我尽可能满足他的性需要。

☐ 我不管在公开或私下，都不看轻他。

☐ 我保持自己的身材仍具吸引力。

☐ 我不任意挥霍金钱。

☐ 我避免向他夸示自己的朋友多好。

☐ 我不让其他人介入我们家庭之间。

第11章

建设性地解决冲突

齿与唇

如果牙齿都会咬到嘴唇，如果左脚都会踩上右脚鞋带，
两个生长背景不同，个性反应相异的男女，生活在一起，怎能不
发生冲突磨擦？

思考模式	利害关系
反应速度	情绪
个性	天赋
习惯	看法
价值观	生理机能

这些差异都可以是两性纷争的导火线。

冲突区

1. 两个背景不同的个体，
   两个个性迥异的人，
   两个天赋泾渭分明的异性，
   两个阴阳相对的男女，
   从恋爱到结婚，
   长期亲密相处，
   矛盾与冲突是必然的。

2. 吵架虽然可以增加彼此的了解，
   但吵架可不是恋爱与婚姻的目的，
   吵架却又是相处的必经之路。
   恋爱时，某方还愿意将就忍耐，
   结了婚，这种将就的意愿降低，
   建设性地解决冲突，
   成为重要的课题。

3. 吵架有可能伤感情，
   所以能忍让就尽量和平，
   只选重要的议题吵架。
   怎么选值得吵的内容？
   下列准则可以帮助你筛选——

   a. 对方可能改善的领域。
   b. 长期压抑对我的心理健
      康不利。
   c. 继续下去对我俩的关系
      有损害。
   d. 这方面的改善会成为促
      进他成长的契机。

4. 你决定要正视这个问题，
   你选择了适当的时机，
   你准备了议题的内容，
   你的心理态度是正确的，
   你坐上了谈判桌。
   现在，
   请你遵循下列游戏规则，
   为建设性的沟通创造契机。

处理冲突的
十条规则

规则1 努力去了解伴侣的观点

· 他怎么想？

· 他为什么这样想？

· 注意倾听。

· 通过提问来澄清他的观点。

规则2 表现出关怀合作的态度

· 我注意到问题的存在。

· 原意承担自己的责任。

· 承认自己的错误。

规则3 诚实地沟通你的感觉、看法

· 诚恳地分享你的感觉。

· 允许你的伴侣也分享他的感觉。

· 分析造成困扰的可能原因。

· 提出改善情况的初步方案。

规则4 避免负面的表达方式

· 绝不诉诸暴力。

· 绝不威胁说，若不……

· 避免"沉默抗议"。沉默解决不了已存在的问题。

· 绝不攻击人格：你这笨蛋，你这家伙，你这酒鬼，你
  这懒虫，你这胖丑八怪……

规则5 集中注意力在议题上

· 不必翻几年前的旧账，伤感情。

· 不可牵涉伴侣祖宗十八代，侮辱对方。

· 不可以偏盖全：你就是这种人，你每次都是这样。

· 尽量寻找解决方法。

规则6   鼓励互动的沟通方式

· 留神倾听。

· 给对方发言权。

· 绝不霸占讲台。

规则7   尊重彼此的隐私

· 决不在众人面前吵架、争议。

· 决不在其他家人面前争吵。

· 两人之间的问题只在两人独处时进行。

规则8   不可指责对方

· 不把责任都推给伴侣。

· 我的情绪属于我，不可期待对方改善我的情绪。

规则9   提出建设性方案

· 达成双方都可以接受的折衷答案。

· 尽量寻找双赢，避免我赢你输。

· 双方的需要都得到部分满足。

规则10   拟定实践步骤

· 一步一步地改善，令双方的心得到鼓舞。

· 暂定另一次会谈的时间，看是否需进一步讨论。

评估表:
化解冲突的技巧

解决两性之间的矛盾与冲突是"鸳鸯功"中的上乘境界。
非经长久练习,不易进入互补互利的高等功力,
唯靠爱心、耐心、智力、长久练习,
才可达到两心合一的美丽情境。 (从A进行到C)

A · 请选择一个你们想解决的冲突。
· 照前两页所列的十项规则,进行沟通。
· 沟通结束后,个别作下列评估表(B,见下页)。
· 根据你的感觉,替你们的处理技巧评估。
· 这十题每个都有a、b两个答案,
每题前后各有一空栏——**左栏记下你的表现;**
右栏记下他的表现。
· a、b只选一个答案。

B · 评估表(见下页)。

C · 待沟通作业完毕。
· 互相比较你们的评估。
· 有哪几个题目,你俩的评估截然不同?
· 请分享下次可以化解冲突的建设性沟通。

B · 评估表

―――――― *1. a.* 低估了这个问题的严重性。 　　――――――

―――――― 　*b.* 肯勇敢地面对问题。 　　　　　――――――

―――――― *2. a.* 肯听另一方的意见。 　　　　　――――――

―――――― 　*b.* 忽略另一方的意见。 　　　　　――――――

―――――― *3. a.* 对准了焦点所在。 　　　　　――――――

―――――― 　*b.* 引出太多枝节。 　　　　　　　――――――

―――――― *4. a.* 说话的语气带建设性。 　　　　――――――

―――――― 　*b.* 说话的语调带消极性。 　　　　――――――

―――――― *5. a.* 敞开地表达了负面的感觉。 　　――――――

―――――― 　*b.* 未曾表达内心真实情绪。 　　　――――――

―――――― *6. a.* 接受解决该矛盾的责任。 　　　――――――

―――――― 　*b.* 推卸解决该问题的责任。 　　　――――――

―――――― *7. a.* 情绪控制得当。 　　　　　　　――――――

―――――― 　*b.* 情绪失控。 　　　　　　　　　――――――

―――――― *8. a.* 努力尝试寻找解决方案。 　　　――――――

　　　　　　 　b. 将寻找答案的责任推给对方。 　――――――

―――――― *9. a.* 答案实际可行。 　　　　　　　――――――

―――――― 　*b.* 答案不切实际。 　　　　　　　――――――

―――――― *10. a.* 已解决了部分冲突。 　　　　　――――――

―――――― 　*b.* 问题仍在原地踏步。 　　　　　――――――

两个冲突的个案

到底什么地方出了问题：

他忙了一整天，耗尽了精力，受够了冤气。心里想的是，赶快回家放松，舒展一下身心。一进门，入眼的是一团的脏乱。他忍不住大吼一声："为什么你不能保持家里整洁？你真是个差劲的家庭主妇。"她也刚下班回家，听了这句话，心头怒气上升，她也想起了一件事，上个星期他才答应帮忙做点家事呢！

到底什么地方出了差错：

她全权处理家庭财务。他想，万一我出了事，太太还可以生存。她每个月总得费尽脑筋去节约开支。最后，她受不了这捉襟见肘的困境，抱怨说："你难道不能多赚一点钱吗？你是一家之主啊！"丈夫听了这话，心马上下沉，舌马上上升，怨恨苦毒马上出笼。

家里脏乱是个事实。丈夫想的是如何有个整洁的家。可惜，
  太太所听见的是责备。

财务拮据是个事实。太太想的是如何增加家庭收入。可惜，
  先生所听见的是嘲讽。

问题出在，这样的会话变成：
  人身攻击，而不是就事论事。
  发泄怒气，而不是解决问题。

问题出在，这样的会话使用的是：
  你的口吻，而不是我的口吻。
  "为什么"的问句，而不是"怎样"的问句。

婉约语

做丈夫的, 说妻子是个差劲的家庭主妇,对她是一项人格上的攻击,剥夺了她的自尊。家里脏乱是个事实,但你的沟通可以侧重表达你的感受,而不是替她贴上标签。可以侧重怎样解决问题,而不是宣泄怒气。你可以这样说:

甜心,我们怎样可以一起解决——当我从一天疲累的工作回来,看见家里凌乱,我的心神会更不安宁——这问题你有好的解决方法吗?

**请注意,这样的表达方式,把注意力的焦点从
你的缺点转移到我的感受。
"为什么"转移到"怎样"。**

这样的沟通,对配偶没有威胁性、批判性,并能引发建设性的谈话。

做妻子的, 说丈夫赚的钱不够家用,对他的自信是一记闷棍。多说几次,会使他的心灵破碎。家用拮据是个事实,但你的沟通可以侧重你的感受,而不是批评他的无能。可以侧重就事论事,而不是人身攻击。你可以这样说:

甜心,当你处理财务时,发现信用卡的账单我们付不出,我深感忧虑。我们可以怎样解决这个问题呢?

这样的沟通,不是批判,而是建设。不具攻击性,而具接纳性。它常导致创意性的对话。

可怕的三字经：
"你"、"为什么"、"难道"

"你真是个差劲的家庭主妇！"
"为什么你不能保持家里整洁？"
"难道你不能多赚一点钱吗？"
"你"、"为什么"、"难道"，可怕的三字经，
破碎了天下多少爱情。

1. "你"的口吻，"我"的口吻

你的口吻通常是批判对方。我的口吻通常是表达感受。
请注意这两种口吻，表达何等不同——

你令我生气！ 你不爱我！ 你真固执！ 你是个差劲的家庭主妇！

我很生气！ 我觉得我不被爱！ 我觉得我的意见不被尊重！ 我一看到家里凌乱，就会心神不宁！

你的口吻，替对方下了结论。你的伴侣绝不会喜欢这标签。
我的口吻，只表达感觉的所有权。他会尊重我感觉的权利。
多用"我的口吻"，
你给对方机会来服侍你的需要，而不是防卫他的尊严。

2. "为什么"的语法，"怎样"的语法

"为什么"的语法，通常是不满意的惊叹号，
"怎样"的语法，通常是寻求答案的问号——

为什么你不能保持家里整洁？ 为什么你每个月赚得的钱，总是不够用？

怎样才能保持家里干净？ 怎样才可以平衡我们每个月的账目？

| 为什么你对我说话总是
　　大吼大叫？
为什么你的衣柜已经满了，
　　你还不断地买衣服？ | 怎样我们才能平静地沟通？

怎样我们才可以执行合理的
　　家庭预算？ |

"为什么"是质疑对方的智力。对方不会喜欢这种贬抑。

"怎样"是邀请两者的创意。他会喜欢有所贡献。

多用"怎样"，

你给了对方机会来运用他的智慧，而不是保护他的权利。

3. "难道你"的口气，"让我们"的口气

"难道你"的口气是表达一种拒绝，

"让我们"的口气是表达一种接纳——

| 难道你不看电视足球会死吗？

难道你不唠叨三姑六婆的事，
就会闷出病来？ | 让我们试着安排一段两人独处
　　的时间。
让我们试着找出一种简捷有效
　　的沟通方式。 |

"难道你"是怀疑对方的能力。对方不会喜欢。

"让我们"是携手共同解决问题。他会高兴有所参与。

多用"让我们"，

你给了对方机会来经历合作的喜悦，而不是被排斥的恐惧。

下面这页列举了两种口吻的范本，

请仔细揣摩，练习其中的爱心和技巧。

敬请常用
"我" 的口吻

你的口吻	我的口吻
和人家约好晚餐，你老是迟到，我告诉过你几百次了，要准时！	和人家约好晚餐，我还要替你解释你的迟到，我觉得很尴尬。要不要我打个电话提醒你？
你如果还爱我的话，为什么不记得把垃圾拿出去倒？	我看到垃圾没倒，我就感到生气。这虽然是小事一桩，但你已经同意这是你的职责，我留一张提醒你的条子会不会有帮助？
你只会跟你那群钓鱼阿三鬼混，你心中还有我啊！	我知道你喜欢钓鱼。但我的时间表也很紧凑。这个周末是我们可以在一起的唯一时段。我们可以安排出你我都满意的方法吗？
你瞎了眼了！你没看见我累成什么样子。一进门就拿这些恼人的事来烦我！	我知道你很关心这件事，不过我现在累了，脑筋比较迟钝，恐怕不是讨论这事的好时间。我们找个机会再谈好吗？
你会察颜观色的话，你早知道我不喜欢你和那些姐妹花鬼混！尤其是阿花！	我知道我们对结交朋友有不同的意见。只是我一想到阿花就很不自在。我希望你少跟阿花来往。

卜怪的铁床

卜怪活在数万年前的希腊国境，他经营了一家高级旅馆。寄宿的宾客若有抱怨床太短的，他就用武力锯去客人的双腿，使之适合床的大小。若有宾客嫌床太长，他就把客人绑在床上，用弹簧将他拉长，使之符合床的长度。落在卜怪手中的牺牲者不计其数。

有一天，来了一个英雄雷士，卜怪终于遇上了克星。雷士战胜了卜怪，杀了他。可惜雷士忽略了一件事，他处理了卜怪，却不曾毁灭铁床。这铁床有个古怪的特性，它会不停地繁殖。

今天，世界上的每个角落，穷乡僻壤的卧室，大都会的豪华巨宅，到处都有这种铁床，它的主人常强迫床头人去配合床的长短。太长的，锯腿；太短的，拉筋。

蜜月尚未结束，你就企图改变配偶的刷牙习惯、睡姿、裤子先穿左脚、三菜一汤、走路的速度、讲话的音量、发音的方法……

你不可能用批评的子弹征服你的配偶。削他、逼他、拉长他，只会引起他的反扑。他也不可能用话语的刀子擒服你。

但你可以用爱、了解、接纳、饶恕、宽大和欣赏来建造你的家庭，使之成为一个安宁、和谐、友爱的安乐窝，化解冲突于无形。

当然，你和我都有许多尚待改善的盲点。我们都还有成长的空间。只是挥刀攻击、削足适床，很少能创造建设性的结果。

鸡飞狗跳的故事

从前，在一个乡镇的郊区有个农庄，养了一群动物，春天气温宜人时，动物们尚能和平共处。仲夏午后的太阳一照，温度提升，庄舍里的气氛就开始浮躁起来。

有一天，一只鸡不小心踩到鸭的脚。鸭的脚并不痛，但它的尊严使它咽不下这口气，它开始追打鸡，但它的翅膀不小心勾到了一只老鹅。那只鹅以为鸭是冲着它来挑衅的，展翅反扑，不小心又扑到正在睡午觉的猫。那猫一张眼，火往上冒，大声喵叫，后腿一弹，尽力一扑。不幸前爪正落在狗身上。

那只狗从来就没喜欢过猫，抓住这机会向猫宣战，大喝一声，追起猫来。两只腿劲都强的对手，就在农舍的木柱、稻草间，玩起你追我跑的把戏。狗一头撞到了牛腹，那牛一受惊，腿一踢，把奶桶碰翻，牛奶倒满一地。

一只鸡踩到鸭的脚，可以引发狗跳牛踢的连锁反应。

特别是在气温较高的仲夏午后。

一只袜子丢到书桌脚下，可以引发夫妻咒骂、儿哭女叫的局面。

特别是在压力紧张的人生低谷。

只要其中一个人冷静下来，连锁反应就扣不动扳机。

你是否曾经在阳台斜倚，闲来读书时，一只蜜蜂不邀而来，在你身旁嗡嗡作声。你如果不理它，过一会儿它就飞走。如果你向它宣战，挥舞的手挑起它维护尊严的决心，它会狠狠地叮你一口。

能够放人一马就放他一马。

退一步，海阔天空，忍一时，风平浪静。

没有两个铜板敲不响。

千万别在牛前挥舞红旗。

尊敬你的配偶，别找他的"弱点"挑剔。

——回答柔和，使怒消退——

冲突，
成长的机会

冲突是你我成长的酵素。
冲突是彼此了解的契机。
冲突是改善关系的大门。
冲突是锻练耐心的火炉。
冲突是创造双赢的机会。
冲突是考验智慧的试剂。
冲突是良心沟通的开始。

敬请常用这积极的眼光来看，
冲突是夫妇关系成长的机会。

第12章

替爱情添加成长的香料

婚姻艺术
十二面体

请想像一下婚姻的趣味和困难——

两个人活在同一个屋檐下；一个来自金星，一个来自火星。
两个人必须共负一轭；一个是雄狮，一个是雌蝶。
两个人只做一个决定；一个推理强，一个记忆佳。
两个人只布置一个家；一个重理性，一个重感性。
两个人睡同一张床；一个关心实用，一个关心气氛。

你可以想像，成功的婚姻是一项艺术。
愿你俩经营你们的婚姻，使之成为一件美丽的艺术杰作。
请努力雕塑下列十二个领域：

1. 目标和价值上的合一。
2. 性别角色和责任上的配合。
3. 两者之间沟通的技巧。
4. 情爱的表达。
5. 建设性地解决冲突。
6. 性的满足。
7. 钱财的管理。
8. 做决定的程序。
9. 人格、性灵的成长。
10. 情绪、脾气的控制。
11. 做父母的天赋。
12. 彼此委身的心志。

在这十二个领域上不断成长的婚姻是成功的婚姻。

"时间"与"对比"的智慧

圣人以敏锐的眼力、诗歌的笔法、对比的趣味，
刻画出宇宙脉动的规则。
他从人生丰富的历练里，归纳出宇宙运作的两大法则。

一、时间：

成功就是把握了最佳的时间表。

农夫，知道——栽种有时，拔出有时。

将军，知道——征战有时，和平有时。

厂商，知道——拆毁有时，建造有时。

二、对比：

丰富就是掌握了正反的互补性。

作家，知道——人生有哭，有笑。

文人，知道——生命有哀恸，有舞蹈。

政客，知道——静默有时，言语有时。

成功的恋爱，就是把握了最佳的时间表。

丰富的恋爱，就是掌握了正反的互补性。

试着揉合下列正反两极，化成人生美丽的艺术——

得	与	给
理性	与	感性
男	与	女
强	与	弱
幽默	与	严肃
工作	与	休闲
自然	与	人为
光	与	暗

充实你的恋爱滋味

· 庆祝你俩之间的差异！
  享受你俩之间的共同点！

· 活在现在！把你自己从过去释放出来。
  美丽的回忆！怀旧的幽情为恋爱添加了燃料。

· 读书吧！多吸收一点智慧、主意、灵感。
  丢开书本吧！别过分分析，倾听你心灵的微声。

· 行动吧！做一点从前没做过的傻事。
  安静吧！默想，找到你生命的核心。

· 旅游吧！山川河海，日本美国，西餐中饭，多么浪漫！
  归家吧！壁炉书架，卧室客厅，窗帘床铺，多么舒适！

· 看待她是个好朋友——建造了亲密性。
  看待她是个陌生人——添加了新鲜感。

· 对你的情侣诚实，你怎么想就怎么讲。
  小心选择你的话语，你怎么讲，至终成为事实。

· 编休假预算吧！住便宜旅馆，吃精美三餐。
  编休假预算吧！住五星旅馆，吃简单餐饮。

· 欢笑吧！幽默增添人生的情趣。
　严肃吧！人生是个重要的课题。

· 两人独处吧！天地间只属于你与我。
　集体活动吧！团体智慧充实了我们的生活。

· 浪漫就是随着灵感，踩踏着即兴的舞步。
　浪漫就是周详计划，保证每一个细节的效果。

· 行动比肉麻的言词更具说服力，耍嘴皮是容易的。
　为你们的沟通加点浪漫的修辞吧！它创造了曼妙的气氛。

· 听古典音乐吧！庄严、秩序、结构、灵感。
　听当代音乐吧！抒情、热诚、节奏、即兴。

> 如果你能做到
> 有时用右脑谈恋爱，
> 有时用左脑谈恋爱，
> 那简直是无懈可击了。

左右逢源

右脑的浪漫，左脑的浪漫，你是哪一型？

右脑主控的人是感性的、创意的、直觉的。
左脑主控的人是逻辑的、组织的、细节的。

每一个人天然地倾向其中一型。
你如果知道你是哪一型的人，

你就能运用你的长处，使你的恋爱更富色彩。

你也能寻求他的补充，使你的爱情更有滋味。

你如果是右脑主控的人，找个左脑发达的情侣，

他能帮你组织，计划你们的活动。

你如果是左脑主控的人，找个右脑发达的恋人，

他能提供创意，活化你们的恋情。

这种左脑、右脑的分类法，确实过分简化人类的心智能力。
每个人的心智，多少是两种类型的混合。
差别只是比例与程度的变化。
但这概念仍有助于——认识自己和情侣的长处，

搭配自己和情侣的优点。

健康的爱

1. **健康的爱** 尊重对方的隐私权和个别性，但又能引动彼此的合作，经历合一的满足与成长的喜悦。

2. **健康的爱** 欣赏对方与自己的差异性所带来的互补效果，又能善用两性之间的共通性来建造共识与沟通的桥梁。

3. **健康的爱** 存感恩的心接受对方为我所作的牺牲，又存快乐的态度付出我所能贡献的。

4. **健康的爱** 通过沟通来解决两人之间的歧异，达成可以互相接受的结论，分享做决定的权利，分担其后果的责任。

5. **健康的爱** 寻求同心而不是愚弄，寻求合作而不是控制，寻求同意而不是贿赂。

6. **健康的爱** 允许自己和情人，在工作与游戏、物质与性灵、个体与团体、即兴与规律、享受与付出之间，取得平衡。

7. **健康的爱** 在q两人相同的人生方向和相配的步调中，允许对方有个别发展的空间和成长的机会。

8. **健康的爱** 在相异的意见中，仍对你情侣的思想、感觉有高度的尊敬、欣赏和评价。

卓越的爱

爱是

恒久忍耐：一生坚持对配偶的忠诚。

又有恩慈：肯牺牲自己，减少自己丰富配偶。

不嫉妒：以喜悦的心，共享配偶成就的光荣，为他高兴。

不自夸：决不利用机会，贬低配偶，抬高自己。

不张狂：决不拿我的长处来说服配偶，看我有多重要。

不做害羞的事：为配偶的名誉做最大努力，绝不做伤害对方自尊的事。

不求自己的益处：总是先替配偶着想。

不轻易发怒：当配偶凭爱心指正我，我决不恼羞成怒，反倒感激并接受。

不计算人的恶：决不斤斤计较配偶的过失。

凡事包容：无条件接纳配偶的优点和缺点。

凡事相信：总是对配偶保持信任的态度。

凡事盼望：保持乐观积极的态度，来面对婚姻的难题。

凡事忍耐：坚持爱能感化恨，善能征服恶。

幸福的十条
彩虹大道

1. 在适当的公共场合，称赞你的配偶。
2. 欣赏对方的长处。
3. 表达你的情爱，创造气氛。
4. 培养共同的人生价值、目标、兴趣。
5. 建设性地解决冲突。
6. 倾听、分享、谈心、分担。
7. 追求身体、心理、性灵上的完全合一。
8. 好好庆祝节期——生日、纪念日、蜜月……
9. 饶恕你的配偶，宽恕你自己。
10. 把你与配偶的关系看作是你的第一要务。